HUGUES AUBRIOT

PRÉVOT DE PARIS

SOUS CHARLES V

PAR

M. LEROUX DE LINCY

PARIS
IMPRIMERIE DE AD. R. LAINÉ ET J. HAVARD,
RUE DES SAINTS-PÈRES, 19.

1862

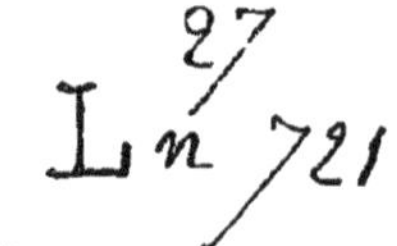

(Extrait de la Bibliothèque de l'École des chartes, 5e série, t. III.)

HUGUES AUBRIOT

PRÉVOT DE PARIS

SOUS CHARLES V.

1367 — 1381.

La place du Châtelet, récemment plantée d'arbres et décorée d'une fontaine monumentale, s'étend sur le terrain même où s'élevait une forteresse dont le nom seul a survécu. Ce n'est que vers les dernières années du dix-huitième siècle que l'on a rasé les murailles percées de meurtrières et couronnées de créneaux, que l'on a renversé les tours et les tourelles de ce monument, un des plus anciens de la capitale. Il existait déjà lors du siége de Paris par les Normands en 884, et une tradition populaire en faisait remonter l'origine jusqu'à César. Une tablette de marbre incrustée dans la muraille, au-dessus d'une porte intérieure, et portant cette inscription *Tributum Cæsaris*, avait donné naissance à cette tradition que rien ne justifie. Souvent modifié, presque totalement reconstruit à l'intérieur en 1506, 1537, 1544 et en 1684, le Châtelet conserva néanmoins jusqu'à son entière destruction des traces d'une haute antiquité. Trois tourelles rondes, très-élevées étaient reliées entre elles par des constructions de diverses époques. Deux de ces tourelles en pendentif, d'inégale grosseur, protégeaient les deux côtés d'une voûte qui donnait accès dans la ville. Au sommet de la plus forte de ces tourelles, il y avait une galerie environnée d'une balustrade en fer et surmontée d'un toit conique. Cette galerie servait aux *gaites*, ou gardes de nuit.

La voûte supportait deux étages, au milieu desquels on voyait un cadran couronné d'un écusson aux armes de France. Une grande statue de la Vierge tenant le Christ enveloppé dans son manteau, était sculptée sur la clef de voûte et donnait au Châtelet le caractère distinctif des portes de Paris[1]. Un peu en avant une colonnette terminée par une croix reposait sur un piédestal très-orné.

Tel était, au dehors, l'aspect de ce monument célèbre qui, depuis le douzième siècle, devint le siége de la juridiction royale de Paris, et la demeure du prévôt institué par le roi pour veiller sur la ville.

Disons quelques mots de l'origine de cette magistrature, aussi bien que des fonctions et des prérogatives du dignitaire qui l'exerçait. A la fin du dixième siècle, la féodalité triomphante monta sur le trône de France dans la personne de Hugues Capet, comte de Paris. Le nouveau roi confia le gouvernement de son ancien héritage à un lieutenant, ou prévôt, chargé de le représenter. Ce magistrat devint naturellement un des chefs de la capitale et le plus important des officiers féodaux qui y résidaient, comme délégué du seigneur suzerain. Non-seulement il exerça dans le fief particulier de son maître justice haute, moyenne et basse, mais il put encore évoquer à son tribunal bon nombre de contestations soulevées dans les fiefs environnants. Ces prérogatives donnèrent au prévôt de Paris beaucoup de pouvoir; nous voyons qu'en 1060 et en 1067, il comptait au nombre des principaux officiers du roi. Étienne souscrit en cette qualité deux chartes des donations faites à l'église de Saint-Martin des Champs par les rois Henri et Philippe Ier[2].

Le prévôt de Paris était chef de la noblesse et commandait l'arrière-ban. Il siégeait de droit aux états généraux comme premier

1. Philippe-Auguste avait fait placer au-dessus des portes de Paris une statue du même genre. Corrozet, dans son livre des antiquités de Paris, assure les avoir vues en 1530; Sauval, qui écrivait au milieu du dix-septième siècle, dit à ce sujet : « Je « n'en ai pu trouver qu'une, qui est celle de la Porte-aux-Peintres, élevée sur un « pied d'estal contre une maison de la rue Saint-Denis, qui fait le coin d'un cul-de- « sac de la Porte-aux-Peintres. Le propriétaire en a eu tant de soin qu'ayant rebâti sa « maison, pour marquer plus de vénération, il a posé cette figure sur un pied d'estal, « l'a fait peindre et couronner d'un dais, avec cette inscription en lettres d'or en « bas : Cette image était sur l'ancienne porte qui fut abatue en 1535, et a esté mise « ici pour servir de mémoire. Elle est de pierre, plus grande que nature, tient le « petit Jésus entre ses bras, et le regarde amoureusement. Après tout elle ne passe « pas pour mal faite, quoiqu'ancienne de plus de quatre cens soixante ans. » (*Antiquités de Paris*, etc., t. I, p. 31.)

2. Marrier, *Monasterii Regalis de campis Paris.* etc., *Historia*, in-4°. p. 7, 15.

juge ordinaire et politique de la capitale du royaume. Son costume était le même que celui des pairs de France ; il portait un bâton de commandement couvert d'une étoffe d'argent, et marchait escorté de douze gardes, spécialement attachés à son service, qui ne devaient jamais le quitter. Dès l'année 1134, Louis le Gros avait confié au prévôt de Paris la défense des priviléges dont jouissaient les bourgeois de la capitale ; et l'on verra plus loin comment il fut chargé par nos rois de sauvegarder les priviléges nombreux qu'ils avaient accordés à l'université. Lui seul pouvait faire arrêter les étrangers pour dettes. Enfin, la police et le repos de la ville étaient confiés à ses soins. Cette charge ne pouvait jamais vaquer : aussitôt que par la mort du titulaire l'office de prévôt devenait vacant, le procureur général au parlement de Paris en était investi provisoirement. Le roi reprenait le bâton de commandement et le remettait lui-même au successeur, dont il se réservait la nomination. Quand le nouveau fonctionnaire avait reçu l'investiture de sa charge, un président à mortier et quatre conseillers de la grand'chambre se rendaient au Châtelet, et, faisant asseoir le nouveau magistrat sur le siége surmonté du dais royal, le président lui disait : « Je vous installe dans la charge de prévôt de Paris pour l'exercer dignement au contentement du roi et du public. »

Devenu ainsi progressivement premier officier de justice, le prévôt de Paris exerça un pouvoir sans limite, s'appliquant à toutes sortes d'affaires, principalement quand elles avaient un peu d'importance. Aussi, dès le douzième siècle, cette charge importante excita l'ambition de seigneurs puissants et riches attachés à la maison particulière du roi de France. Anselme de Garlande la possédait en 1192 ; il était fils d'Etienne de Garlande, grand-maître de la maison de Louis le Gros, descendant d'une famille illustre, propriétaire d'un fief de Garlande, situé sous les murs de Paris. Mais, à raison même de l'importance que cette magistrature conférait à celui qui en était revêtu, le nombre des compétiteurs s'accrut, et leur émulation de plus en plus surexcitée conduisit à la division des fonctions et à la vénalité de l'office ainsi morcelé. Dans les prévôtés d'Orléans et de Paris, on vit plusieurs personnages se partager les attributions civiles et judiciaires de cette magistrature qu'ils avaient prise à ferme.

De 1217 à 1219, par exemple, deux riches bourgeois de la ville de Paris, Philippe Hamelin et Nicolas Arrode, possédaient cette charge[1]. Dans les années 1231, 1234, 1236, 1239, 1249 et 1253, on ne trouve qu'un seul prévôt qui, suivant l'usage adopté, avait obtenu son emploi aux enchères. En 1255 et 1258, cet emploi appartient de nouveau à deux personnages ; mais saint Louis ayant reconnu tout l'inconvénient qui résultait du système de vénalité appliqué à de pareilles fonctions, déclara la prévôté de Paris charge de magistrature, et lui rendit son premier lustre. Il la remit entre les mains d'Etienne Boileau, membre d'une des bonnes familles de la bourgeoisie parisienne. Étienne Boileau, magistrat sévère et d'une intégrité antique, signala son administration par les établissements réguliers qu'il donna aux différentes corporations de Paris[2].

Après Étienne Boileau, le pouvoir des prévôts de Paris s'effaça devant l'influence croissante des prévôts des marchands. Ceux-ci commencèrent à prendre quelque importance politique sous les règnes de Philippe le Bel et de ses fils. La lutte désastreuse de la France contre l'Angleterre, la captivité du roi Jean, favorisèrent ces empiétements. Alors parut un homme célèbre dans l'histoire de Paris, qui essaya de changer la prévôté des marchands remise entre ses mains en une dictature populaire. Étienne Marcel, issu d'une riche famille bourgeoise de Paris, réussit dans ses projets pendant plusieurs mois de l'année 1358; mais à la fin de juillet, entraîné par les événements, il allait livrer la capitale aux ennemis du Dauphin, lorsque, trahi par plusieurs de ses anciens amis, il périt victime d'une ambition démesurée, suivant les uns, d'un patriotisme trop ardent, suivant les autres[3].

Peu d'années après la mort d'Étienne Marcel, le Dauphin, qui

1. Brussel, *Traité des fiefs*, t. I, p. 425.

2. Ces statuts déjà imprimés partiellement, soit dans plusieurs recueils publiés par diverses corporations, soit dans le grand ouvrage sur la police du commissaire de La Marre, ont été publiés dans la Collection des documents inédits relatifs à l'histoire de France, par Depping, sous le titre suivant : Règlements sur les arts et métiers de Paris rédigés au treizième siècle, et connus sous le nom du Livre des métiers d'Étienne Boileau, etc., 1837, in-4°.

3. Plusieurs travaux remarquables ont été consacrés au prévôt des marchands Étienne Marcel. Je me contenterai d'indiquer un mémoire de M. L. Lacabane dans ce recueil (1re série, t. I, p. 79); une notice de M. Jules Quicherat (dans le *Plutarque français*) ; l'ouvrage plus récent de M. Perrens : *Étienne Marcel et le gouvernement de la bourgeoisie au quatorzième siècle*, Paris, 1860, in-8°. — Voir l'examen critique de cet ouvrage, par M. Luce, dans un précédent volume de ce recueil (t. II, 5e série).

l'avait combattu, devenu roi sous le nom de Charles V, n'osa pas attaquer de front le pouvoir populaire que les prévôts des marchands s'étaient acquis. Il essaya de ruiner cette influence par l'autorité rivale des prévôts de Paris, auxquels il confia l'exécution des travaux d'utilité générale, qui devaient attirer à son mandataire la faveur populaire, qu'Étienne Marcel avait détournée au profit de ses projets avortés.

Telles furent jusqu'au règne de Charles V les vicissitudes que subirent, depuis leur création, les fonctions de prévôt de Paris.

Dès la première année de son règne, Charles V remit la garde de la prévôté de Paris entre les mains de Hugues Aubriot, originaire d'une famille bourgeoise de Bourgogne. Ce magistrat, avant de servir le roi de France, avait exercé la charge de bailli de Dijon, et fait partie en cette qualité des officiers de la maison de Bourgogne. Il fut enlevé à ces fonctions par Charles V, qui le fit venir à Paris dès 1364; trois ans plus tard, en 1367, ce roi lui donna en titre d'office la prévôté et la capitainerie de la ville de Paris.

Il était clerc, versé à fond dans la science du droit féodal, et fort capable par conséquent de se conduire au milieu des difficultés sans nombre qui surgissaient, à chaque pas, d'une multitude de priviléges n'ayant d'autre base que la coutume. Autant qu'on peut en juger par les accusations dont il fut la victime, confrontées avec les faits certains de l'histoire, Hugues Aubriot joignait à une grande vigueur de caractère une indépendance d'esprit qui le mettait au-dessus des préjugés et des superstitions de son temps.

A peine revêtu de ses nouvelles fonctions, il s'occupa d'abord de l'assainissement de la ville de Paris; apportant beaucoup de zèle à réparer les dommages de toute nature causés par les troubles politiques nés des malheurs de la France et de la captivité du roi Jean.

Les travaux accomplis par ses soins durant les quatre premières années de son administration, de 1368 à 1372, prouvent par leur nombre et leur importance une activité prévoyante et bien entendue. En 1368 il fit achever le mur qui défendait le côté sud de la ville, depuis la Bastille Saint-Antoine jusques à celle des Tuileries, et fit creuser au bas de ce mur un fossé de trente pieds de large sur quinze de profondeur, et de deux mille cinq cents toises de développement. Du côté du midi, il perfectionna l'œuvre entreprise à la hâte dix années auparavant, sous la conduite d'Étienne Marcel, et fit creuser un arrière-fossé de trente-six pieds d'ouverture sur seize de profondeur. Les murs d'enceinte qui environnaient le quartier de l'Université furent exhaussés; les portes qui donnaient entrée dans ce quartier furent rétablies [1].

Après avoir ainsi protégé la ville contre les entreprises des ennemis extérieurs, Hugues Aubriot consacra les deux années suivantes à la prémunir contre les causes intérieures de désordre ou de maladie. Le pavé des principales rues fut entièrement refait; les eaux qui croupissaient sur plusieurs points de la ville et y développaient assez souvent des germes pestilentiels, furent dirigées dans de vastes égouts aboutissant à la Seine, ou aux fossés des remparts. Hugues Aubriot creusa plusieurs ports : le port aux foins, pavé en 1370; le port de Bièvre, celui du petit Pont, le port de la place Maubert, celui du couvent des Augustins. Par ses soins, quatre ponts de bois furent établis ou réparés sur la Seine dans les années 1370 et 1371 : le pont de l'île Notre-Dame, celui de Saint-Bernard, un troisième derrière Notre-Dame, et le dernier en avant du port Saint-Bernard, nommé le pont Saint-Michel [2]. Il fit encore percer des rues nombreuses dans tous les quartiers de Paris, surtout dans les endroits où les gens de métiers devaient se porter en foule, et dans lesquels la surveillance du magistrat chargé de la police devait être active et de toutes les heures. Il n'ignorait pas la grande part que la corporation des bouchers avait prise aux troubles de 1358; il connaissait la force physique, l'exaltation des hommes qui composaient cette corporation. Sous prétexte de dégager les abords du Châtelet, sa résidence habituelle, il bouleversa la grande boucherie, voisine de ce monument. Je trouve à cet égard les détails suivants dans une enquête du commencement du quinzième siècle.

1. Sauval, *Antiquités de Paris*, etc., t. III, p. 125.

2. Le moine de Saint-Denis, auteur de la vie de Charles VI, ennemi de Hugues Aubriot, s'exprime ainsi au sujet de ces travaux : « Il fit établir par d'habiles ouvriers, dans les quartiers peu élevés et la partie basse de la ville, des conduites et des égouts souterrains, destinés à l'écoulement des eaux pluviales qui entraînaient les immondices entassées devant les portes dans les prés d'alentour. Il fit achever par d'immenses travaux et des dépenses presque incalculables le nouveau pont dit de Saint-Michel, soutenu sur des piliers et des arches de pierre. » (Sauval, *Antiquités*, etc., t. I, p. 101.)

Hugues Aubriot, prévôt de Paris, fit démolir aux dépens de la communauté une grande maison appelée le *four des Métiers*, sise près de la grande boucherie; deux toises et plus furent retranchées des étaux, et une rue dite la *rue Neuve* fut pratiquée à la place. Pour faire cette rue, on élargit une petite ruelle d'environ cinq pieds, donnant dans la rue Pied-de-Bœuf, qui conduit du Palais à l'église Saint-Jacques-la-Boucherie[1].

A ces travaux d'édilité et d'un intérêt relativement local, le prévôt voulut en ajouter un autre d'une portée plus générale. Il se rappelait le danger que Charles V, encore Dauphin, avait couru dans cette fameuse journée du 22 février 1357; il savait que le peuple soulevé avait pu forcer l'entrée du vieux palais et tuer, sous les yeux mêmes du Dauphin, deux des fidèles conseillers qui l'entouraient. Il conçut le projet de mettre la royauté en état de se défendre à l'avenir contre de pareilles éventualités, en complétant du même coup le système de fortifications commencé par lui du côté sud de la ville.

L'ancienne bastille Saint-Antoine souillée du sang de plusieurs citoyens, au pied de laquelle le prévôt des marchands, Étienne Marcel, avait trouvé la mort, n'était plus en rapport avec l'ensemble des travaux que Hugues Aubriot venait de faire exécuter tout autour; c'est pourquoi, le 22 avril 1370, il posa la première pierre d'une citadelle plus forte que toutes celles qui entouraient Paris. Des gratifications furent accordées dans cette circonstance à tous les ouvriers chargés de ce travail. Aussi, en moins de deux années s'éleva cette forteresse dont les murailles et les huit tours dominèrent et firent trembler Paris jusqu'au 14 juillet 1789. Ce sombre édifice est célèbre dans notre histoire sous le nom de la BASTILLE.

Jusqu'à ce moment, nous avons vu l'officier royal dévoué à son maître, l'édile plein d'une intelligente sollicitude pour les intérêts de la ville confiée à son zèle; il nous reste à étudier le magistrat jaloux de son autorité, dans sa lutte avec les intérêts ou les coteries qui prétendaient en limiter l'exercice. Cette œuvre de restauration fut une des parties les plus difficiles de sa tâche. Il devait, dans l'exécution de pareils projets, rencontrer des obstacles presque invincibles; il les surmonta cependant; mais les suscep-

1. Registres de la chambre des comptes, Mémorial A, enquête de l'année 1411. Voir Pièces justificatives, n.° I

tibilités qu'il froissa, irritables et rancunières à l'excès, lui firent plus tard cruellement expier son triomphe. A l'extrémité orientale de l'île de la Cité, en tête d'un petit pont de bois qui conduisait du quai Saint-Bernard à l'Hôtel Dieu, s'éleva jusqu'en 1782 une forteresse dont la partie inférieure, creusée en voûte, formait une des entrées les plus sinistres de la capitale. La porte que ce bâtiment avait remplacée faisait partie des fortifications antérieures à celles dont Philippe-Auguste avait entouré la ville agrandie. Cette porte, qui avait été reconstruite en 1222, fut emportée, le 20 décembre 1296, par une crue extraordinaire de la Seine. Elle était déjà connue sous le nom de *Petit-Châtelet*, et ne consistait qu'en tourelles de bois, qui furent rétablies à la hâte après cette inondation. Les monuments historiques de la fin du treizième siècle nous parlent du Petit-Pont et de la porte qui y conduisait comme d'un des endroits les plus fréquentés de Paris; aussi, dans le registre des métiers rédigé sous saint Louis par Étienne Boileau, le péage du Petit-Pont est-il sévèrement réglé pour toutes les marchandises qui entraient journellement dans la ville de ce côté [1]. Hugues Aubriot trouva que, vu son importance, cette entrée n'était pas suffisamment défendue. Il savait en outre que bien souvent, la nuit venue, cette porte était assaillie par les écoliers qui, franchissant l'enceinte toute voisine de l'Université, se répandaient dans les rues tortueuses de la Cité, et s'y livraient à des désordres souvent criminels. Par ses soins la porte et les tourelles en bois du Petit-Pont firent place à une forteresse en pierre, qui servit de bureau de péage, et fut en même temps érigée en succursale des prisons du Grand-Châtelet. Entre les piliers de pierre qui soutenaient l'édifice et l'élevaient presque de niveau avec le lit de la Seine, Hugues Aubriot fit disposer plusieurs cellules spécialement réservées à la claustration des coupables. On les nomma, à raison de cette destination, *rues du Fouarre* et du *Clos Bruneau* [2], deux des endroits

1. Titre II, *Del péage de Petit pont*, page 280 des Règlements sur les arts et métiers de Paris rédigés au treizième siècle, etc., etc., publiés par Depping, Paris, 1837, in-4°.

2.
A Petit Pont as ordené
Faire un chatelet fort et rude,
Et aux chartres tu as douné
Les noms des rues de l'Estude.
(*Complainte en vers contre Hugues Aubriot.*)

Voyez mon recueil des *Chants historiques français*, 1re série.

les plus fréquentés de l'Université; c'est là que les jeunes gens des écoles pris en flagrant délit par les archers du prévôt, et conduits devant son tribunal, devaient expier leurs fautes. Par un règlement rendu public [1] au mois d'août 1372, il organisa aussi les différentes prisons du Grand-Châtelet, détermina le prix que chaque détenu devait payer, suivant son état, sa qualité, et le lieu particulier qu'il était condamné à habiter. Par le même règlement, il soumit à un tarif légal les droits du bourreau de Paris, qui jusque-là n'avaient été fixés que par l'usage.

Cette active surveillance toujours en éveil, cette vigueur inébranlable, cette justice impartiale et sévère, que le prévôt déployait pour détruire une cause de désordres jusque-là peu réprimés, il en fit l'application, avec une inflexible persévérance, à toutes les affaires qui relevaient de sa charge, à tous les détails de son administration. Dès son entrée en fonction, et pour ce qui regarde uniquement les attributions judiciaires, on constate une série d'ordonnances qui concourent au même but : l'organisation et le maintien de la sécurité publique à l'intérieur.

Au mois de septembre de l'année 1367, il fait crier, au nom du Roi, une ordonnance par laquelle tous les gens oisifs et valides résidant à Paris devront travailler aux fortifications de la ville moyennant salaire, sous peine, en cas de refus, d'être conduits au Châtelet pour y être châtiés convenablement. Il limite, par la même occasion, le droit de porter des armes; il soumet à des règlements sévères les jeux, les cabarets, les hôtelleries. Enfin il remet en vigueur les ordonnances de saint Louis, concernant les femmes de mauvaise vie. Elles avaient envahi tous les quartiers de la ville; il les refoule et les parque dans les rues de la *Boucherie*, de *Glatigny*, *Chapon*, *Champ-Fleuri*, *Froid-Mantel*; près le *Clos Bruneau*, à l'*Abreuvoir Macon*, en *Tiron* et en *Baillehoe* [2]. Ses ordonnances contre le port d'armes illicite, les

1. « C'est l'instruction du faict de l'estat de la geole du Chatelet de Paris, advisée par nous Hugues Aubriot, chevalier garde de la prevoté de Paris, par deliberacion et eu regard aux autres registres, faict de l'ordonnance de la dicte geole, laquelle a esté rapportée à nos seigneurs de la chambre des comptes, et par eux veue, et par aucuns de nos seigneurs de Parlement : la dicte instruction fut leue et publiée en jugement au Chastelet de Paris, le lundi après la Sainct Jehan Baptiste, l'an MCCCLXXII. » (Leber, *Collection des meilleures notices et traités relatifs à l'histoire de France*, etc., t. XIX, p. 169.)

2 Sauval, *Antiquités de Paris*, t. III, p. 652.

jeux, les cabarets et les femmes perdues heurtaient de front les mœurs violentes et désordonnées de ce temps; aussi Hugues Aubriot fut-il obligé de les reproduire l'année suivante. Ces décrets rendus, il fallait en assurer la rigoureuse observation; c'est à quoi il pourvut par un règlement général de l'administration du Châtelet et par une déclaration en vertu de laquelle il s'attribuait le droit exclusif de surveiller l'exécution des actes dressés et scellés à son tribunal.

Les ordonnances contre les femmes de mauvaise vie, plusieurs fois renouvelées, n'en furent pas moins très-difficiles à faire observer. Hugues Aubriot cependant les maintint avec la plus rigoureuse fermeté. Un appel fait au Parlement contre une sentence qu'il avait rendue, lui fut très-favorable et prouva combien était juste la sévérité qu'il déployait. Sur des plaintes que lui avaient faites les habitants de la rue Saint-Martin, contre une certaine femme nommée *Agnès Piedeleu*, qui recevait dans sa maison des hommes et des femmes de mauvaise vie, dont elle facilitait les débordements, Hugues Aubriot avait cité cette femme à son tribunal et l'avait condamnée à transporter sa demeure autre part. Agnès Piedeleu, très-irritée de cette sentence, fit appel au Parlement; et, produisant de faux témoins qu'elle avait gagnés par promesses et par dons, elle essaya de surprendre la bonne foi de Jean Desmarets, avocat général au Parlement, et de l'indisposer contre Hugues Aubriot. Mais, une enquête nouvelle ayant été faite, toute la justice de la sentence rendue contre cette femme fut mise au jour, et la subornation des témoins découverte. Agnès Piedeleu, enfermée au Châtelet, fut condamnée à être conduite par le bourreau au pilori des halles, liée dans un tombereau, tête nue, ayant une couronne de parchemin sur laquelle était écrit plusieurs fois en grosses lettres, et en français, ce mot : *Faussaire! faussaire!* Ladite Agnès, après être restée au pilori exposée ainsi deux heures, pendant lesquelles le bourreau faisait connaître à haute voix les motifs de cette peine infamante, fut bannie hors du royaume; le jugement fut rendu le 28 février 1375 [1].

L'année 1368 ne fut pas moins laborieuse que la précédente : Hugues Aubriot ne négligea aucun moyen de compléter son œuvre, d'assurer l'ordre et d'étendre sur tous sa protection. Dans un cri

1. Voir l'arrêt, Pièces justificatives, n° II.

public fait à son de trompes, il annonça que, dans le but d'assurer la tranquillité générale, il interviendra désormais, en cas de délit, dans les différentes juridictions. Le 13 août, il renouvela ses ordonnances contre le port d'armes illégal ; le 29, il défendit, au nom du Roi, à tous les habitants de Paris qui n'ont pas le droit d'avoir des colombiers, de nourrir des pigeons dans leurs maisons, et de tendre des filets pour prendre les pigeons des autres, sous prétexte qu'ils leur appartenaient. J'omets plusieurs sentences relatives aux différends qui s'élevaient entre les corps de métier, pour en signaler une qui témoigne de sa préoccupation tutélaire et constante. En date du 8 mai 1368, Hugues Aubriot défend aux taverniers de retenir chez eux les buveurs après l'heure du couvre-feu. Il enjoint surtout aux gens de métier de ne vendre ni prêter aux écoliers épées ou couteaux, ou autres harnais de guerre, sans sa permission, sous peine d'amende arbitraire. Il ordonne, sous la même peine, à tous les habitants, qui se montraient généralement très-peu disposés à le faire, de donner main-forte aux sergents attachés à sa personne, toutes les fois que ceux-ci crieront : *Aide au Roi !*

Au mois d'octobre de la même année, le prévôt de Paris fut appelé à porter un édit somptuaire, mesure toujours délicate, et le plus souvent éludée, sinon méprisée. Avec son sens droit et pratique, il alla directement au but et atteignit le résultat désiré. On sait que les chaussures à la *poulaine* consistaient en brodequins ou souliers terminés par une pointe dont l'extrémité était plus ou moins longue, suivant la dignité, la richesse, ou l'extravagance de ceux qui la portaient. Les gens du commun se contentaient d'un demi-pied; les riches bourgeois doublaient la mesure; mais les grands seigneurs et les princes allaient jusqu'à deux pieds. Quelquefois ces pointes se terminaient par deux cornes, deux griffes, ou d'autres ornements fantastiques, ce qui faisait dire aux prédicateurs que c'était l'œuvre du diable. Dès le commencement du treizième siècle, principalement au concile tenu à Paris en 1212, plus tard dans les années 1245, 1300, 1342, 1365, l'Église avait flétri cette mode ridicule, et défendu, sous des peines sévères, à tous ses serviteurs de la suivre. Hugues Aubriot crut nécessaire de porter le dernier coup à ces folies luxueuses. C'est pourquoi, le 10 octobre 1368, il publia, au nom du Roi, une ordonnance par laquelle défense était faite aux cordonniers de Paris de fabriquer des *chaussures à la poulaine*, sous peine de confiscation et de dix florins d'amende; les simples aides qui auraient concouru à la confection de ces chaussures prohibées devaient payer cent sous parisis [1]

Au commencement de l'année 1369, Hugues Aubriot fit fabriquer une quantité considérable de maillets de fer pour armer, en cas de siége, les gens de métier. La fureur populaire changea quelques années plus tard la destination de ces sages réserves; mais Aubriot ne pouvait prévoir alors qu'il préparait des armes terribles à l'insurrection des Maillotins. Il défendait, cette même année, aux écoliers de se promener par la ville en bande et d'assister à aucune fête armés d'épées, ou avec le couteau qu'ils portaient habituellement suspendu à leur ceinture. Dès le 3 avril, il avait, par lettres publiques, prohibé tous les jeux de *Dez*, de *Tables*, de *Palmes*, de *Quilles*, de *Palais*, de *Soules*, de *Billes*, et autres qui ne tendaient pas à l'exercice et à l'habileté du corps. Il enjoignit au contraire de s'exercer au jeu de l'arbalète et de l'arc. Par lettres patentes publiées le 29 mai, il déclarait le prévôt de Paris seul juge ordinaire pour les délits, à l'exclusion des princes et des seigneurs féodaux ou de leurs représentants. La police des halles, le nombre, la qualité des gens de métiers qui devaient s'y rendre aux différents jours de la semaine, afin de pourvoir à l'approvisionnement de la ville, furent, cette même année, de la part du prévôt, l'objet de plusieurs règlements. En feuilletant les différents registres du Châtelet qui nous sont restés, il est facile de recueillir, jusqu'à la fin du règne de Charles V, les preuves de l'incessante activité de Hugues Aubriot, et de la vigueur qu'il déployait dans l'exercice de ses fonctions [2].

Les services qu'il ne cessait de rendre à la royauté étaient parfaitement appréciés par Charles V, qui n'épargnait rien pour récompenser le dévouement de ce loyal serviteur. Chaque année Hugues Aubriot touchait pour ses gages une somme de six cents

1. « A esté crié de par le Roy nostre sire que, comme parce que plusieurs notables et autres de divers estas qui doivent monstrer et estre exemple de honneste vie et de bonnes mœurs à tous autres, par vanité mondaine et fole presumpsion, et pour la convoitise et volonté des cordonniers, ouvriers, ou faiseurs de soliers, estivaux et chausseures en nostre ville de Paris, etc., ont de pieça porté et portent, et les dits ouvriers font ou font faire souliers, houseaux ou botines à long bec, ou difformité controuvée, c'est assavoir la poulaine, laquelle difformité ou poulaine est dérision à Dieu et à sa mere Église et à toute bonne créature raisonnable, et nous desplaist. »

2. Voir aux Pièces justificatives, n° IV, la nomenclature de ces ordonnances.

livres parisis [1]. Le 8 janvier 1374, Charles V, pour récompenser dignement le zèle et la capacité du prévôt de Paris, l'éleva au rang de Chevalier et lui conféra la noblesse [2].

Les circonstances dans lesquelles cette haute distinction fut accordée *au prévôt de Paris* sont des plus singulières, et méritent à tous égards que je les mentionne ici. Je les trouve dans une chronique publiée récemment, dont l'auteur se montre peu favorable au prévôt, ce qui ajoute encore à la valeur de son récit. Au milieu de l'année 1374, l'amiral de France, Jean de Vienne, cassa aux gages une compagnie d'hommes d'armes, composée de quelques centaines de combattants. Jehan le Bigot, qui les commandait, ne voulut pas rester dans l'armée du roi ; il suivit ses anciens compagnons, qui commirent beaucoup de dégâts, principalement aux environs de Paris. Charles V, qui se trouvait dans sa capitale, en fut bientôt informé. Le connétable Bertrand du Guesclin était alors près du roi. On décida que le connétable, en compagnie du prévôt de Paris et des troupes royales, marcherait contre ces révoltés. Du Guesclin qui connaissait Jehan le Bigot pour un homme d'armes de quelque valeur et ayant fait ses preuves, eut soin de le prévenir de quitter cette bande, car, si on l'y trouvait, il serait pendu infailliblement. Aussi Jehan le Bigot et environ cent des meilleurs hommes d'armes abandonnèrent les révoltés. Les gens du roi vinrent facilement à bout de ces malheureux, qui se rendirent à merci pour la plupart. Conduits à Paris, les uns furent pendus à un gibet tout neuf qui reçut le nom de *Happe Pillart*, et qu'on dressa *devant le grant gibet de Paris que l'on nomme Montfaucon ;* les autres furent noyés. Le chroniqueur ajoute : « Et en ceste besoingne fut ledit prevost, nommé Hugues Aubriot, fait chevalier [3]. »

1. Voici la quittance qu'il a donnée de ses gages, au mois de mars 1372 : « Saichent tuit que nous Hugues Aubriot, garde de la prévôté de Paris, et capitaine de la dicte ville, prévosté et vicomté d'icelle, confessons avoir eu et receu de Nicolas de Mauregart, receveur des impositions de XII d. pour livre aians cours en la dicte ville, prévosté et vicomté, la somme de cinquante livres parisis sur ce qui nous est ou puet estre deu à cause de noz gaiges de VIe liv. parisis par an, desservis ou à desservir ou dit office de capitaine, de laquelle somme de L liv. P. nous nous tenons pour bien paiez, et en quittons le dit receveur et tous autres. Donné soubz nostre seel, le XXIIIe jour de mars, l'an mil CCC soixante et douze. » (Bibliothèque impériale, cabinet des titres.)

2. *Histoire des connétables, chanceliers, gardes des sceaux*, etc., etc., par Jean le Feron, augmentée par Denys Godefroy, 1658, in-fol., p. 694.

3. Chronique des quatre premiers Valois (1327-1393), publiée pour la première

Des récompenses d'un autre genre ne s'étaient pas fait attendre : le 10 septembre 1367, Charles V lui avait donné une somme de quinze cents francs d'or, pour l'aider à payer une maison sise rue de Jouy, non loin de la poterne Saint-Paul, ayant appartenu jadis à Jacques de Pacy. Hugues Aubriot acheta cette maison par ordre du Roi pour s'y loger [1]; des bâtiments de cet hôtel dépendait un vaste jardin. Le 10 mars de la même année, Charles V ajoutait une somme de mille francs d'or à celle qu'il avait déjà donnée. Il voulait, suivant les expressions de ses lettres patentes, récompenser les bons services que lui rendait chaque jour Hugues Aubriot dans la charge de prévôt de Paris, dans l'achèvement des fortifications, et aussi en considération de ce que, sans avoir égard aux frais et à la dépense, il était venu, du duché de Bourgogne, s'établir à Paris avec toute sa famille. Enfin, le 14 mai 1369, Charles V lui donnait encore cinq cents francs d'or, parce que les gages de la prévôté ne pouvaient suffire aux dépenses que Hugues Aubriot faisait, soit en chevaux, soit autrement.

A mesure que Charles V voyait la tranquillité se rétablir dans la capitale, il augmentait les pouvoirs de son prévôt, et ajoutait de nouvelles faveurs aux anciennes. Non-seulement Aubriot exerça dans Paris une autorité absolue, mais encore il acquit une grande influence dans le Conseil privé du Roi ; son patrimoine, déjà considérable, s'était accru des largesses que lui faisait journellement Charles V, et dont je viens de citer quelques exemples. Hugues Aubriot, libéral par nature, aimait à répandre autour de lui les bienfaits ; il se plaisait surtout à étaler beaucoup de magnificence, et à doubler ainsi le respect et la considération qui s'attachaient au premier magistrat de la capitale. Jamais il ne paraissait dans la ville qu'environné de ses gardes et suivi de nombreux serviteurs montés sur de hauts destriers frisons ou allemands. Lui-même chevauchait sur une mule fringante, richement caparaçonnée [2]. Dans son hôtel de la rue du Jour, il avait réuni,

fois pour la Société de l'Histoire de France, par M. Siméon Luce, etc., Paris, 1862, in-8, p. 250. Le Gibet de *Happe-Pillart* est un fait curieux qu'il faut ajouter aux détails du même genre recueillis par M. A. de la Villegille dans son opuscule intitule : *Les Anciennes Fourches patibulaires de Montfaucon*, etc., Paris, 1836, in-8°.

1. Voir les lettres patentés de Charles V en faveur de Hugues Aubriot, Pièces justificatives, n° III.

2. Par Paris aller tu souloies

soit en meubles, soit en tapisseries, tout ce que l'art de cette époque pouvait produire de délicat et de recherché. Le seul détail qui nous soit parvenu à cet égard pourra faire juger jusqu'à quel point le luxe et la recherche y avaient été poussés. Hugues Aubriot aimait les oiseaux rares de toutes espèces. La cage dans laquelle il les renfermait était citée avec celle du Roi, à l'hôtel Saint-Paul, comme la plus remarquable du royaume [1]. Dans ce brillant et somptueux hôtel, le prévôt de Paris réunissait souvent les grands personnages de la cour, leur donnait de splendides festins, les accablait de présents, et affermissait par ce moyen son crédit auprès du Roi. « Ceux qu'il avait ainsi gagnés, dit un chroniqueur contemporain, l'avancèrent tellement dans l'intimité de Charles V, qu'on le voyait souvent placé à la droite du prince, avoir avec lui un entretien particulier, et qu'il assistait au Conseil public ou privé [2]. »

Comblé d'honneurs et de richesses, environné de l'estime et de la considération de tous, soutenu par la faveur royale, cet homme remarquable, le bienfaiteur de ses administrés, semblait défier l'envie et la haine. Les sages réformes accomplies d'une main ferme, malgré les oppositions des priviléges abusifs et contradictoires, avaient excité des jalousies d'autant plus vives qu'elles étaient comprimées et ne pouvaient encore éclater au grand jour. Au faite de la prospérité, Hugues Aubriot touchait, sans s'en douter, aux jours des rudes épreuves et des persécutions implacables. Des rancunes sournoises attendaient impa-

Sur mule et frison d'Alemaigne;
Gras coursiers, gros roussains avoie,
Et les sergens à la douzaine.
(*Complainte en vers contre Hugues Aubriot.*)

1. On lit à ce sujet dans un auteur contemporain : « Pour faire pondre et couver, et nourrir oiseaulx en cage, nota que en la caige d'Hesdin, qui est la plus grand caige de ce royaulme, ne en la cage du roi à Saint-Pol, ne en la cage messire Hugues Aubriot, ne purent oncques estre couvez. » (*Le Ménagier de Paris*, traité de morale et d'économie domestique composé vers 1393 par un bourgeois parisien, etc., etc. Paris, 1846, in-8°; publié par M. le baron J. Pichon, pour la Société des bibliophiles français.)

Le passage que je viens de citer explique les vers suivants de la complainte contre Hugues Aubriot :

Courroucié est de tes oiseaux
Qu'oïr ne puis chanter en caige,
Mais bien puis faire les appeaulx
Pour chanter en ton géolaige.

2. Moine de Saint-Denis, t. I, p. 101.

tiemment la mort du roi pour fondre sur le magistrat qu'un changement de maître leur livrerait désarmé. Les prétextes ne manqueraient pas alors aux poursuites acharnées, aux accusations inévitables.

Il était facile de tourner contre lui la hauteur de son caractère, l'indépendance de son esprit, dégagé des préjugés respectés de la foule. Exalter son luxe et ses richesses aux dépens de ses mœurs, paraissait chose aisée.

On se disait déjà tout bas, en attendant qu'on pût le crier dans les rues, que la vie du prévôt n'était qu'une suite non interrompue de débauches. Il menait au grand jour l'existence d'un païen, ne croyait pas aux mystères de la religion catholique, et n'en pratiquait pas un seul précepte. On affirmait qu'un pacte sacrilége le liait aux juifs, qu'il ne craignait pas de contracter avec les plus belles de leurs filles des liens impurs, et de prendre hautement la défense de ces hommes souillés du sang d'un Dieu. Un trait remarquable de l'administration du prévôt, qui prouve que son esprit élevé devançait les progrès du temps, plus préoccupé des droits de l'humanité que des calculs d'une vulgaire prudence, avait donné lieu à ces accusations.

Profitant de l'arrêt de bannissement qui fut prononcé contre les juifs, en 1380, plusieurs personnes, emportées par un zèle inconsidéré, s'étaient emparées des enfants des proscrits pour les faire baptiser. Les mères de ces enfants vinrent trouver le prévôt et redemandèrent à hauts cris le fruit de leurs entrailles. Hugues Aubriot n'hésita pas : il donna l'ordre que ces enfants fussent remis immédiatement à leur famille [1].

1. Voici comment le moine de Saint-Denis, auteur de la Chronique de Charles VI, parle de la conduite privée du prévôt ; on ne doit pas oublier que ce chroniqueur est l'interprète officiel du clergé et de l'université : « Il était enclin au libertinage, quoiqu'il fût sexagénaire ; il négligeait une épouse vertueuse pour rechercher le commerce des jeunes filles encore vierges, et quelquefois il avait affaire à des sorciers pour faire triompher sa passion. D'autres fois, portant le déshonneur dans la maison d'autrui, il cherchait à séduire par des présents les femmes dont il entendait vanter la chasteté ; souvent aussi il emprisonnait les maris sans motif, afin d'être plus libre pendant ce temps de lâcher bride à ses désirs effrénés. On le soupçonna aussi d'avoir entretenu des liaisons illicites avec des juives, parce qu'il avait eu avec elles des entretiens illicites et trop familiers ; il leur rendit même, sur leur demande, leurs fils qu'on avait baptisés de force, se montrant en cela fort inconsidéré, car il donnait ainsi aux Juifs, ennemis du Christ, l'occasion de profaner la sainteté du baptême. » (T. I, p. 103.)

Il n'était guère possible alors d'accomplir de pareils actes impunément. La religion, frustrée d'une conquête reconnue légitime, faisait cause commune avec les partisans des anciennes immunités restreintes ou violées, au nom d'intérêts supérieurs, il est vrai, mais peu compris. Aussi l'Université de Paris put-elle compter sur de nombreux auxiliaires le jour où il lui serait permis de poursuivre le prévôt. Les maîtres voulaient reconquérir leurs anciens droits abolis, les élèves la liberté regrettée de faire esclandres par la ville, et de courir sus aux bourgeois attardés le soir dans les rues.

Du reste, bien que dans la lutte engagée entre l'Université et Hugues Aubriot, les récriminations personnelles aient été mises en avant, les causes de dissentiment étaient plus profondes et ne s'attaquaient à rien moins qu'à l'autorité même du prévôt de Paris. L'antagonisme avait éclaté longtemps auparavant. Il est nécessaire de faire connaître la situation respective des adversaires.

Dès l'année 1200, Philippe-Auguste, qui avait accordé d'assez grands priviléges aux membres de l'Université, eut soin, sur leur demande, de les soustraire à la juridiction du prévôt de Paris. Il confia la conservation de ces priviléges à l'évêque, donnant ainsi aux suppôts de l'Université toutes les franchises dont jouissait le clergé [1].

Mais peu d'années après, l'évêque et l'Université avaient cessé de s'entendre. En vain le pape Innocent III avait enjoint à ses nonces d'appointer les parties, les écoliers se plaignaient de sentences d'excommunication prononcées contre eux pour des causes futiles; l'évêque, de son côté, prétendait n'avoir que ce moyen de réprimer leurs désordres. Tout allait de façon qu'en 1229 maîtres et écoliers se disposaient à quitter Paris, lorsque Louis IX jugea nécessaire d'interposer son autorité; il défendit à tous les prélats d'excommunier les membres de l'Université, quels qu'ils fussent, et rendit à son prévôt la garde de tous les priviléges dont jouissait ou pourrait jouir cette grande corporation. De plus, le roi voulut que chacun des prévôts, à son entrée en charge, prêtât le serment de faire respecter ces priviléges en

1. Recueil des priviléges de l'Université de Paris accordez par les rois depuis sa fondation jusques à Louis le Grand, XIVe du nom. Paris, 1674, in-4°, par E. Du Boulay; p. 218.

présence des membres délégués de l'Université et des écoliers qui voudraient se joindre à eux. Voici, en substance, quel était ce serment, que le prévôt a toujours fait en langue française :
« Premièrement, vous jurerez que vous ferez jurer les bour-
« geois de Paris que, s'ils voyent à aucun Escholier de Paris mal
« faire par aucun Lay [1], que sur ce ils porteront loyal temoignage
« et ne se trairont arriere malicieusement pour ce qu'ils ne le
« voyent. Et s'il avenoit qu'aucun Lay eut feru Escholier, s'il
« n'estoit sur li deffendant : mesmement si l'Escholier estoit
« feru d'armes, de fust, ou de pierre, vous ferez jurer que tous
« les Lays qui ce auront veu, en bonne foy prendront celuy
« malfacteur, ou ces malfacteurs, et le bailleront à vostre jus-
« tice, ne ils se trairont arriere malicieusement, qu'ils ne voyent
« le fait, ou qu'ils ne prennent le malfacteur, ou les malfacteurs,
« et que sur ce fait ne portent loyal temoignage. Si le malfac-
« teur est pris sur le forfait ou non, nostre Sire le Roy promet
« à faire loyale enqueste, soit par Clercs, soit par Lays, ou par
« autres loyales personnes. Et vous jurerez que vous ce mesme
« ferez, ou ferez faire. Et si vous pouvez trouver par vous ou
« par vos jurez, par loyale enqueste, que celuy à qui on met sus
« le forfait, l'ait fait, tantost vous ferez droit selon la qualité et
« maniere du forfait, ja çoit que le malfacteur le nie et se veuille
« purger.

« Après vous jurerez que pour nul forfait vous ne mettrez
« main, ne ferez mettre à Escholier de Paris, ne vous le mettrez,
« ne ferez mener en prison, si le forfait de l'Escholier ne soit
« tel qu'on le doive arrester ; et adonc vous l'arresterez ou ferez
« arrester en ce mesme lieu, sans injure et sans vilenie faire, s'il
« ne se defend. Et adonc vous le rendrez, ou ferez rendre, à la
« justice de sainte Eglise, laquelle le doit garder pour faire sa-
« tisfaction au Roy et au blessé. Et si le forfait de l'Escholier
« semble grand, vous irez ou envoierez à la justice d'Eglise
« pour voir ce qu'on fera à l'Escholier. Et si l'Escholier ne se

1. C'est-à-dire laïc. Il est bon de faire observer que ce mot prend ici une signification particulière; il ne veut pas dire seulement une personne vivant dans le siècle, mais bien tout individu ne faisant pas partie de l'Université. On prétend même que, dans cette acception, l'épithète de laïc pouvait parfaitement s'appliquer à un ecclésiastique qui ne faisait pas partie du corps enseignant. Je dois cette explication à l'un des anciens dignitaires de l'Université.

« deffend en cet arrest, et il a souffert injure ou vilenie, « vous, par vostre serment, selon l'enqueste devant dite, de ce « prendrez vengeance du maufaiteur.

« Après vous jurerez qu'en chastel des Escholiers ne ferez « mettre main, ne ne mettrez ; mais s'il vous semble qu'il doive « estre arresté, il sera arresté par la justice de sainte Eglise, « pour faire ce que sainte Eglise en jugera.

« Après vous jurerez que si aucun Escholier soit arresté de « vous ou de vos gens, à telle heure que la justice de sainte « Eglise ne puisse estre trouvée ou tost eue, le ferez garder en « aucune maison d'Escholier, sans luy faire injure ou vilenie, « jusqu'à tant qu'il soit baillé à la justice de sainte Eglise.

« Après vous jurerez qu'ès serviteurs Lays des Escholiers de « Paris, qui ne doivent à nostre sire le Roy bourgeoisie ne resi- « dence, ne ne vivent de marchandise, dont Escholiers fassent « injure à autruy, ne mettrez main, ne ne ferez mettre, si le for- « fait n'appert tel que vous le deviez faire [1]. »

En présence de ces priviléges exorbitants, les prévôts protestèrent souvent et dès l'origine. Ils voulurent d'abord apporter des restrictions au serment qu'on exigeait d'eux ; mais, au mois de février 1286, Philippe-le-Bel leur enjoignit de se soumettre à cette obligation, même quand le roi de France se trouverait absent de la capitale [2].

Malgré cet ordre, des difficultés nouvelles s'élevèrent en 1302, sous la prévôté de Guillaume Thiboust, et, en 1308, sous celle de Pierre Le Féron. Les deux magistrats furent cependant obligés de plier; Le Féron s'excusa même publiquement des délais qu'il avait mis à s'exécuter [3]. En 1340 Philippe de Valois renouvela les priviléges accordés par ses prédécesseurs aux écoliers de Paris, et déclara qu'aucun d'entre eux ne pourrait être tiré d'un endroit quelconque de la vicomté pour se voir traîné au tribunal du prévôt [4].

Cette augmentation incessante des priviléges accordés par les rois à l'Université de Paris rendait vaine l'autorité des prévôts,

1. Recueil des priviléges de l'Université de Paris, etc., etc., p. 277.

2. *Livre bleu*, ou partie des pièces et actes qui concernent l'estat présent et ancien de l'Université de Paris, etc., etc.; Paris, 1653, in-4°, p. 1.

3. *Livre bleu*, etc., etc., p. 23. Voir Crevier, *Histoire de l'Université de Paris*, t. II, p. 143.

4. *Livre bleu*, etc., etc., p. 4.

et continuait les rivalités, en faisant naître à chaque instant des conflits.

Telle était la position des deux adversaires à l'avénement de Charles V, quand Hugues Aubriot fut appelé à la garde de la prévôté de Paris.

Au mois de juin de l'année 1366, par exemple, un nouveau recteur fut élu ; le gardien de la prévôté de Paris refusa d'abord de prêter le serment accoutumé, mais il dut céder devant un ordre royal et comparaître avec ses sergents dans l'église Saint-Éloi, où il jura chaque article des priviléges, qui furent lus à haute voix, en latin et en français, par maître Denis Flaton[1].

En 1367, quand il fut nommé définitivement prévôt de Paris, il essaya d'éluder le serment, mais il y fut contraint, et, le 10 octobre, il se rendit dans l'église du couvent des Bernardins. Là il jura de faire observer chaque article qui lui fut lu séparément. Il fit toutefois des réserves à l'égard des deux clauses concernant le serment des bourgeois de Paris à l'égard des écoliers, et le respect pour le domicile où ces derniers seraient arrêtés. Quant à ces deux articles, il jura de les suivre *en tant que possible seroit*, c'est-à-dire le mieux qu'il pourrait, *sans dol et sans fraude*[2].

Cette longue querelle des priviléges contre l'autorité régulière était loin de s'assoupir, on le comprend, sous l'administration de Hugues Aubriot, le vigoureux défenseur du droit commun. Obligé de céder, il ne se rendait pas, et toute occasion lui était bonne pour revendiquer le libre exercice de son pouvoir. Au mois de septembre 1368, les Anglais menaçaient l'Ile de France, et surtout la capitale; Hugues Aubriot déploya la plus grande activité pour organiser dans la ville le guet des métiers et une garde bourgeoise en état de défendre les remparts qu'il faisait construire. Il ne crut pas que les écoliers, les libraires, les écrivains, les enlumineurs, les relieurs et les parcheminiers fussent exempts de concourir à l'œuvre de la défense générale. C'était raison; mais, comme dit le docteur de Rabelais : « De raison ! nous n'en usons point céans ! » Et, preuves en mains, l'Université remontra que non-seulement ses maîtres et ses élèves, mais encore tous ses suppôts devaient être exempts de pareilles char-

1. Du Boulay, *Histoire de l'Université de Paris*, t. IV, p. 393.
2. *Id.*, *ib.*, t. IV, p. 143.

ges. En conséquence [1], le roi, le 5 novembre 1368, défendit, par lettres patentes, au prévôt de Paris de permettre à ses cinquanteniers et dizainiers d'enrégimenter aucun des enfants de sa très-chère fille l'Université de Paris.

L'Université, triomphante par la protection royale, nourrissait une haine vivace contre Hugues Aubriot, qui la forçait à se défendre. Si le prévôt ne pouvait nuire, il était évident que ce n'était pas l'intention qui lui manquait, et, d'après la logique du temps, aiguisée par la colère, l'intention était réputée pour le fait. La bonne volonté persistante du roi préservait son mandataire et le rendait inattaquable ; mais la mort de Charles V, survenue en 1381, laissa le magistrat désarmé en butte aux vengeances de ses ennemis.

A peine Charles V avait-il fermé les yeux que la tempête se déchaîna, et du premier choc abattit toute l'autorité du prévôt ; du second, c'était le prévôt lui-même qu'elle devait renverser. Un incident survenu pendant la cérémonie des funérailles du roi défunt, donna lieu aux deux parties de commencer les hostilités. Du château de Beauté, où Charles V avait rendu le dernier soupir, son corps fut apporté à l'abbaye Saint-Antoine, près Paris, d'où il devait être conduit à Notre-Dame et de là à Saint-Denis ; les suppôts de l'Université, maîtres, écoliers, serviteurs, accoururent en foule, et leur grand nombre embarrassa fort la cérémonie. Il y eut une querelle de préséance, dans laquelle ils prirent parti. Le recteur prétendait marcher à côté de l'évêque de Paris ; l'évêque prétendait marcher seul hors des rangs, après son clergé ; les écoliers soutinrent le recteur et se rangèrent près de lui, ils furent repoussés et malmenés par les archers du prévôt. Les historiens du temps, connus jusqu'à ce jour, ne donnent pas à ce tumulte toute l'importance qu'il paraît avoir eue. Des documents nouveaux le racontent avec détail et nous permettent d'en signaler les principaux incidents. On lit d'abord dans la *Chronique des Valois*, citée déjà plus haut, rédigée évidemment par un ami de l'Université, sinon par un de ses membres, les lignes très-significatives que voici : « L'Université « de Paris, le Recteur et les maistres des quatre facultés voulu« rent aler devant au plus près du corps du Roy, devant le « chappitre de Nostre-Dame de Paris, et le chappitre de la

1. Recueil des priviléges de l'Université de Paris, etc., p. 82.

« Saincte-Chapelle du Palais du Roy. Là sourdi ung grant debat « dont le prévôt de Paris, Hugues Aubriot, *ungs homs crueux*, « lui et ses sergens armés, coururent sus aux clercs, et en na- « vrèrent plusieurs, et bien plus de trente-six en mistrent en « prison; les clercs n'estoient pas armés, si furent *pour ce jour* « les plus fiebles [1]. »

Le second document est inédit et beaucoup plus explicite: c'est une requête adressée à Charles VI contre le prévôt lui-même au sujet de ce tumulte; elle est écrite en français. L'auteur expose la conduite et le langage tenus par Hugues Aubriot dans cette affaire, d'une façon très-originale ; en voici l'analyse et quelques extraits :

Le Recteur de l'Université, les maîtres licenciés, les bacheliers et écoliers de l'*Estude de Paris*, exposent contre *messire Hugues Aubriot chevalier, à présent prevost de Paris*, et conservateur des priviléges de l'Université, qu'il a juré de maintenir, que s'étant rendus, suivant leur coutume, à la cérémonie des funérailles du roi Charles défunt, *à grant devotion et sollennité, en leurs habiz et chappes de leurs facultés, à l'eglise de Saint-Anthoine lez Paris*, le recteur et ceux qui le suivaient voulurent prendre le rang qui leur appartenait, c'est-à-dire à côté de l'évèque de Paris. Mais le prévòt arrêta le recteur en lui demandant où il allait! *le quel recteur respondit que ils aloient au lieu où ils avoient acoustumé à estre autrefois quand l'on portoit les corps des roys de France; après la quelle response le dit prevost, par maniere de derision, demanda au dict Recteur et autres de l'Université se ilz vouloient aler avecques les prelas?* A quoi le recteur répondit très-humblement que non, mais qu'il priait le prévôt de faire respecter leurs priviléges comme en étant le défenseur naturel. Mais le prévôt repoussa durement le recteur, et, le prenant par le menton, lui dit qu'il le traiterait encore plus mal : « Et combien, que le dit recteur, li dist « qu'il faisoit mal de lui prendre par le menton, et qu'il le rap- « pelloit en son courage, néantmoins le dit prevost reprint par « le menton icelui recteur, et le bouta moult rudement ; et « aussy plusieurs de ses sergens et autres frapèrent pluseurs « coups sur le dit recteur, et dit le dit prevost ces paroles : « Tuez, tuez tout! au recteur, au recteur! et tant fut frappé et

1. Chronique de Valois, etc., p. 294.

« bouté le dit recteur que à peu qu'il ne chey en un fossé; et « aussy furent pluseurs maistres en théologie, decrès et autres « personnes notables de la dite Université. Et qui pis fut, fu- « rent pluseurs batuz, navrez et injuriez d'espées, de haches et « de batons, chaciés par les champs, foulés aux piés des gens et « des chevaulx; et tant que faillit que pluseurs se boutassent « en la riviere de Saine pour sauver leurs vies; et dont les au- « cuns passèrent la rivière à no (*à la nage*). Et non contens de ces « choses les sergens et autres de la compagnie du dit prevost « emporterent pluseurs chappes, housses, manteaux, houpe- « landes, baretes, ceintures, bourses, cousteaux, or et argent « monnaié de plusieurs des dits suppliants; et aussy osterent « à deux bedeaux leurs deux verges d'argent que ilz portoient « par devant le dit recteur et autres de l'Université. »

La chape du recteur, ainsi que d'autres chapes et différents objets indiqués dans la requête avec le nom de leurs possesseurs, furent également dérobés; plusieurs des suppôts de l'Université furent conduits au Châtelet. Parmi les blessés il y en eut un qui mourut deux jours après. Une députation de l'Université vint trouver le prévôt dans son hôtel; il la reçut avec des paroles hautaines et orgueilleuses, en disant : « Que voulez-vous? » et, sans laisser finir la requête, il s'écria : « Ha! cette ribaudaille, cette truandaille! je renie Dieu! il me deplaist quand il n'y en a plus en prison! alez, alez! je renie Dieu si je ne vous fais pas mettre au Chastelet avec les autres! » Cependant le lendemain plusieurs des prisonniers furent délivrés, soit à la requête de leurs amis, soit à celle de l'évêque de Paris, qui les réclama; mais ni la chape du recteur, ni les autres objets détournés ne furent rendus. Le mardi suivant, jour où le corps du roi défunt fut conduit de Notre-Dame de Paris à Saint-Denis, les gens de l'Université eurent encore à souffrir une foule d'avanies, non-seulement de la part des sergents, mais encore de la part du prévôt lui-même, qui leur cria : « Estes vous revenus, de par le deable! Je renie Dieu! si vous mouvez et ne passez, serés si bien batus que deables vous emporteront! » et les sergents du prévôt, à coups du bois de leur lance, les poussèrent en les forçant à se disperser. Les gens de l'Université terminent leur requête en demandant justice au roi et à son parlement [1].

1. *Arch. de l'Université*, au Ministère de l'Instruction publique, A 21 u (ch. IV). Je

Il y a, je crois, de l'exagération dans la manière dont l'auteur de la requête expose les faits qui ont eu lieu dans ce grave conflit. Malgré tout, la conduite du prévôt et de ses agents avait été trop audacieuse et trop cruelle pour que l'autorité royale et le parlement ne se vissent pas contraints de le condamner. Le prévôt fut obligé non-seulement de délivrer les universitaires, même coupables, mais encore de les indemniser. Ce premier triomphe devait être suivi bientôt d'une victoire complète. L'auteur anonyme de la chronique des Valois dit, en terminant son récit : *Les clercs n'estoient pas armés, si furent pour ce jour les plus faibles;* mais, dès qu'ils virent que le parlement leur avait donné gain de cause contre le prévôt, ils comprirent qu'ils étaient les plus forts et qu'ils pouvaient le renverser, c'est pourquoi le recteur cita Hugues Aubriot en leur nom au tribunal de l'évêque pour avoir à se défendre contre la plus grave des accusations que l'on pût porter en ce temps, celle de sorcellerie exceptée. Un jacobin, nommé frère Jacques de Morey, « *lors inquisiteur en France sur les hérétiques,* » accusa le premier magistrat de la ville du crime d'hérésie.

Le prévôt accueillit d'abord cette poursuite avec une hauteur dédaigneuse, qui n'était au fond que la conscience de sa valeur personnelle, et la juste appréciation des services qu'il avait rendus à la cité. Il refusa de comparaître. Son refus, loin d'entraver la poursuite, en accéléra la marche; Hugues Aubriot, jugé par contumace, fut excommunié, et lecture de la sentence fut donnée dans toutes les églises de Paris, chaque jour à la messe et à vêpres. Un pareil outrage devait peu surprendre le condamné; mais, jaloux de maintenir la considération qui s'attachait à sa charge et à sa personne, il eut hâte de prévenir les conséquences funestes qui pouvaient résulter de l'inique flétrissure dont on le frappait, en se présentant au tribunal de l'évêque. Une cruelle déception

dois la communication de cette pièce des plus curieuses à l'obligeance de M. Jourdain, chef de division au Ministère de l'Instruction publique. M. Jourdain est chargé de continuer la grande histoire de l'Université de Du Boulay, et de compléter les pièces nombreuses déjà publiées dans cet ouvrage. Il est difficile de comprendre comment cette requête a échappé à Du Boulay; elle sera comprise dans le second fascicule du travail de M. Jourdain : *Index chronologicus chartarum pertinentium ad historiam Universitatis Parisiensis ab ejus originibus ad finem decimi sexti sæculi, adjectis insuper pluribus instrumentis quæ nondum in lucem edita erant; studio et cura* C. Jourdain. Paris, 1862, in-fol.

l'y attendait. Enhardis par le succès de la première procédure, ses adversaires produisirent plusieurs personnes qui, par leurs témoignages, certifièrent de la réalité du crime qui lui était imputé. Elles déposèrent que, depuis plusieurs années, l'accusé avait laissé passer les fêtes de Pâques sans se confesser et sans communier; qu'il n'observait aucun des devoirs de la religion catholique; qu'il ne faisait point mystère de son irrévérence à l'endroit des sacrements, des chefs de l'Église, de l'autorité du clergé, se refusant à suivre leurs bons avis, comme un aspic insensible.

La richesse des églises du royaume, ajoutait-on, lui était une occasion fréquente de faire éclater son envie et sa haine contre les choses saintes, à tel point que plus d'une fois, se trouvant près du roi Charles V, il ne craignit pas de traiter de fous les prédécesseurs de son maître, qui avaient doté le clergé de tant de revenus. C'était pour satisfaire ses damnables desseins qu'il combattait de tout son pouvoir les priviléges ecclésiastiques et les immunités de la vénérable Université de Paris.

On ajoutait qu'un jour, à un sergent qui s'excusait auprès de lui d'un léger retard sur ce qu'il était allé prier Dieu dans son église, il répondit : « Ribaud, ne sais-tu pas bien que j'ai plus de puissance pour te nuire que Dieu n'en a pour t'aider ? »

Un autre jour, l'évêque de Coutances célébrait la messe dans l'église de Saint-Denis de la Châtre, Hugues Aubriot entra, fit le tour de l'édifice et continua sa promenade, même pendant l'élévation, si bien qu'un religieux vint le prier de se prosterner; mais le prévôt lui fit réponse « qu'il ne croyait pas au Dieu dudit évêque, qui ne bougeait de la cour. » C'était en effet le plus courtisan des prélats de France.

Enfin se produisirent les imputations relatives à ses mœurs. On prouva ses relations criminelles avec des femmes juives, par les entrevues secrètes et familières qu'il avait eues avec plusieurs d'entre elles, dans une circonstance dont nous avons parlé plus haut, alors qu'il leur avait fait rendre leurs enfants. Mais cette protection même, qui donnait tort au baptême en faveur des droits maternels, fut considérée comme la preuve la plus éclatante d'une impiété enracinée, et digne d'être punie par les plus cruels supplices.

Or, dans les circonstances actuelles, le tribunal, on le sait, se sentait naturellement porté à une sévérité excessive, et ne parlait rien moins que d'envoyer le prévôt au bûcher. L'émotion fut grande dans Paris à cette nouvelle. Les plus grands seigneurs de la cour de France mirent une vive opposition à l'exécution de cet arrêt sauvage, et les ennemis d'Aubriot durent encore se contenter d'une demi-vengeance. Le condamné fut d'abord contraint de venir faire amende honorable, publiquement, sur un échafaud dressé à cet effet dans la place du parvis Notre-Dame.

Le 17 du mois de mai de l'année 1381, au lever du soleil, Paris fut témoin d'un étrange et douloureux spectacle. La place du parvis et les rues qui y conduisaient étaient encombrées d'une population nombreuse et turbulente. Au milieu de cette joie grossière et cruelle, on vit bientôt s'avancer un vieillard conduit par les serviteurs du saint-office, sans autre vêtement qu'une longue chemise, un cierge à la main. C'était Hugues Aubriot, le premier magistrat de la cité, hier encore redouté de tous, aujourd'hui exposé aux huées de la multitude. Il fut placé devant un échafaud où étaient l'évêque de Paris et les docteurs de l'Université. Il s'agenouilla devant eux; et, après que l'inquisiteur de la foi eut donné lecture des crimes reprochés au coupable, il demanda l'absolution de ses péchés et de ses hérésies. « Alors « l'évêque de Paris, revêtu de ses habits sacerdotaux, le condamna « tout haut à faire pénitence perpétuelle, au pain de tristesse, et « à l'eau de douleur, comme auteur de la perfidie judaïque et « contempteur des sacrements, comme hérétique, méprisant les « chefs de l'Eglise[1]. »

Cette sentence impitoyable fut accueillie par des cris de joie qui retentirent au loin sur les bords de la Seine, car les écoliers de toutes les nations et les suppôts de l'Université s'étaient emparés, dès la veille, des rues étroites conduisant alors au parvis Notre-Dame. Par leur zèle, les paroles de l'évêque furent portées de bouche en bouche et répétées en peu d'instants sur l'une et l'autre rive du fleuve. Mais les bourgeois ne partageaient point cette allégresse. La jeunesse des écoles, au contraire, délivrée de son surveillant rigide, se répandit bientôt dans tous les quartiers de la ville, en chantant contre son adversaire une complainte faite la veille par quelqu'un des siens et qui commençait ainsi :

Hugues Aubriot, bien me recors,
Quant fus Prévôt premierement

1. *Chronique du moine de Saint-Denis*, liv. II, t. I, p. 107.

Que j'ouis à cris et à cors
Dire de ton avenement :
Bien viengne par qui hautement
Dès or justice regnera.
Or est venu qui l'aimera.

Lors les droits garder tu juras
Du Roy en l'université ;
Et puis après asséuras
Maintenant ceux de la cité.
Or n'a pas tenu verité,
Car chacun de toi se demente :
Trop tôt se vante qui aulx plante.

Tant com le grand Charles as vescu
Tu t'es porté trop fierement ;
En tout cas estoit ton escu.
Or va maintenant autrement,
Car par ton fol desvoiement
Aucun ne t'aime ne te prise
Tant va le pot à l'eau qu'il brise [1].

Dans cette complainte, qui n'a pas moins de vingt-deux couplets, qui tous finissent par un proverbe, les actes du prévôt sont passés en revue et livrés au sarcasme et au mépris.

Quand Hugues Aubriot se vit condamné, et qu'il fut bien sûr de ne pouvoir échapper à la vengeance des universitaires, il s'adressa au moins implacable de ses ennemis, et se tourna du côté de l'Église. Il implora le pardon de l'évêque, et fit tous ses efforts pour être relevé de la sentence d'excommunication prononcée contre lui. On lui opposa d'abord les crimes d'hérésie dont il avait été convaincu ; mais comme il s'agissait d'une peine capitale, fort difficile à faire exécuter, à cause des hautes sympathies qui s'étaient manifestées en sa faveur, il fut enfin reçu en grâce ; on le condamna seulement à la prison dans l'archevêché de Paris. Touchés de son repentir, le chef inquisiteur et l'évêque le relevèrent de la sentence d'excommunication, lui

1. J'ai déjà cité précédemment cette complainte, qui a été publiée pour la première fois par M. P. Paris, t. VI, p. 478, des *Chroniques de Saint-Denis*, in-12, Paris, 1835-38. Je l'ai reproduite dans mon *Recueil des chants historiques français*, etc., 1re série.

rendirent la miséricorde de la sainte Église, et lui assignèrent pour demeure la meilleure partie de la grosse tour de l'hôtel épiscopal[1]. Dans cette situation, comparativement douce, il demeura fort tranquille l'espace de dix mois, jusqu'au 1er mars de l'année 1382, jour où éclata la fameuse émeute dite des *Maillotins*. Les gens de métier, s'étant emparés des maillets de fer que Hugues Aubriot avait fait fabriquer pour défendre la ville contre les ennemis du dehors, se livrèrent alors à d'abominables excès. Ils se souvinrent cependant de leur ancien prévôt, dont l'exacte justice et la ferme administration les avaient protégés. Ils voulurent le délivrer et coururent assiéger la maison de l'évêque. Ils rompirent les portes, demandèrent Hugues Aubriot pour le mettre à leur tête. Quand le geôlier vint lui dire que le peuple de Paris le cherchait pour le placer à sa tête, il déclara qu'il ne sortirait point, et voulut, pour se défendre d'un pareil honneur, s'emparer d'une hache que le geôlier tenait à la main. Mais le gardien la lui refusa, disant que, s'il faisait mine de résister, il serait infailliblement tué. Les révoltés s'emparèrent du prisonnier, le placèrent malgré lui sur un petit cheval et le ramenèrent à son hôtel, disant qu'ils feraient de lui leur capitaine. Hugues Aubriot chercha tous les moyens d'échapper à ces furieux; plusieurs de ses amis lui conseillèrent la fuite, l'assurant qu'il trouverait un refuge auprès du pape. Il quitta son hôtel vers la nuit, et se fit passer l'eau par deux enfants qui faillirent le noyer; puis, en hâte, il gagna la Bourgogne. Ébranlé par des émotions de tout genre, il tomba malade et séjourna seize jours à

1. Voici en quels termes de triomphe l'auteur de la chronique des Valois enregistra la condamnation de Hugues Aubriot : « En cel an (1381) fut Hugues Aubriost, « prevost du roy, à Paris, par l'Université reprins de hérésie, de bougrerie, d'estre « sodomite et faulx crestien, et fut faicte par le pourchas de l'Université vraie in« formacion contre le dit prevost, par laquelle il fut trouvé que le dit prevost avait « fait plusieurs horribles et abhominables fais, comme de habiter aux femmes bes« tialement contre nature, d'avoir eu compaingnie aux juives charnelment, comme « d'enfans de Juifz qui avoient esté crestiennés de les rendre aux Juifz, comme « d'avoir corrompu femmes, puiz avoir fait pendre les maris, pour estre sodomite « et non tenant la loy crestienne. Des quelles choses par juste et vraye informacion « le dit prevost de Paris fut ataint et prouvé coupable. Mais, pour l'amour et hon« neurs du roy et des dues d'Angou, de Berry et de Bourgogne, ses oncles, qui « grandement le soustenoient, fut icellui prévost respité d'estre ars comme cil qui « l'avoit trop abhominablement deservi. Et fut jugié par l'évesque de Paris et par « l'Université de tenir prison chartrée. » P. 294.

Mussy la Fosse en Auxois. De là il vint à Mâcon, où la maladie le retint encore. Dès qu'il fut rétabli, il se rendit par eau jusqu'à Avignon, mais ne put obtenir, aussi tôt qu'il l'aurait voulu, une audience du souverain pontife. Toutefois il vit un des cardinaux et se remit à la discrétion du saint père, qui, d'accord avec le sacré collége, lui assigna Sommières pour lieu de pénitence.

Aubriot demeura longtemps dans cette résidence[1].

Ce récit est celui que les amis de Hugues Aubriot ont fait de sa délivrance; il est permis de douter qu'une fois sorti des prisons de l'évêque de Paris, l'ancien prévôt se soit remis par pénitence dans d'autres mains. Il est plus naturel de penser qu'une fois dans son pays de Bourgogne, le fugitif parvint à se cacher si bien qu'il put finir dans le repos une carrière qui avait été brillante, mais qui se termina par une catastrophe terrible, imméritée, à tous égards, et qu'il aurait évitée peut-être en agissant avec moins de hauteur et plus de ménagement.

Tels sont les principaux événements de la vie de cet homme, qui a joué, pendant le règne du sage Charles V, un rôle très-important. Peut-être on a pu reprocher à son administration, aussi intelligente que vigoureuse, quelques actes hardis qui heurtaient trop ouvertement les croyances et les préjugés de son temps; mais, s'il eût été cet homme vicieux et corrompu que ses ennemis ont voulu nous représenter dans leurs chroniques et leurs pamphlets, on ne peut croire que Charles V eût fait de lui, pendant près de quinze années, son principal conseiller; on aurait peine à s'expliquer qu'il eût mis tant de persévérance à récompenser son zèle et son dévouement par des bienfaits de toute nature. Il est donc juste de reconnaître dans Hugues Aubriot un magistrat remarquable qui, devançant l'époque où il a vécu, ne craignit pas de combattre le désordre et les injustes priviléges partout où il les rencontra; qui contribua puissamment, sous un des rois les

1. J'emprunte les détails des derniers événements de la vie publique de Hugues Aubriot, détails inconnus jusqu'à ce jour, à un document original cité par M. le baron Pichon, mon confrère de la Société des bibliophiles, dans l'introduction qu'il a mise au *Ménagier de Paris*, t. I, p. xx. On trouve encore dans le même ouvrage (t. II, p. 253) des détails curieux sur l'hôtel habité par Hugues Aubriot. L'éditeur du *Ménagier* prépare un travail étendu sur les Maillotins, dans lequel il compte donner sur Hugues Aubriot des renseignements d'une grande importance inconnus jusqu'à ce jour.

plus habiles dont la France puisse se glorifier, à réparer les désordres matériels et moraux causés par les discordes civiles et les malheureuses tentatives de révolution.

PIÈCES JUSTIFICATIVES.

I.

Boucheries. — Enqueste.

(Archives impériales, section Domaniale, Mém. E, fol. 299.)

Huges Aubriot, prevost de Paris avant 1400, à la requeste du procureur du roy, fit demolir aux despens des bouchers de la grande boucherie de Paris un notable hostel et maison appellé le four des Mestiers sciz près leur boucherie, à la place de la quelle fut faite la rue neuve, et retrancher leur boucherie de deux toizes ou plus et plusieurs estaux à escorcheurs tenans à leur dite boucherie.

En venant du Palais devers Saint-Jacques de la Boucherie, et qui se prend depuis le bout de la rue Piedeboeuf et depuis l'huis de la ruelle par où on entre en ladite boucherie qui est assize à l'opposite de la dite rue Piedeboeuf, il y avoit grand quantité d'estaux à escorcheurs où ilz vendoient les droits et agneaux, saucisses; et au milieu desdits estaux il y avoit, à l'endroit où est à present le ruisseau de la dite rue neuve, une petite ruelle de cinq pieds de large, où on entroit de devers le dit Pallais pour venir en la dite boucherie; lesquels estaux à escorcheurs avoient bien cinq pieds de large de chascun cotez et tenoient depuis la dite ruelle au coin de la rue Piedeboeuf jusqu'au coin de la dite boucherie et jusqu'à un hostel où est pour enseigne l'Ange; le quel hostel de l'Ange fut abattu pour faire la dite rue neuve par où on va droit par le grand pont, et de partie du restant fut faict un petit hostel un peu auparavant la commotion des Mailletz.

Et avoient les dits bouchers une maison et habitation grande et spacieuse, où il y avoit un grand et notable four appelé le four du mestier de la boucherie, où on cuisoit pastez et boulangerie. Et avoit la grand fenestre au pain et aux pastez devers la rue antienne Saint-Jacques; et pour venir aux dits estaux on passoit quelquefois parmy le dist hostel du four, et n'y passoient que les voisins et ceux de la dite boucherie; et estoient les degrez de la dite boucherie par où on monstoit à la salle d'icelle de grands degrez qui se prenoient par dessus les dits estaux des escorcheurs devant le Palais; les dits degres estoient devant la tour du chastelet.

Deposition de Pierre le Coustelier dit Caboche, escorcheur de la dite boucherie.

Depuis que la dite rue a esté faite la dite boucherie a esté retranchée pour trouver place à faire estaux aux escorcheurs.

Il y avoit xij estaux aux escorcheurs qui tenoient bien la moitié de la rue neuve.

Un an auparavant la commotion des *Maillotins*, Hugues Aubriot fit abatre cecy pour faire rue neuve qui est au bout de la dite boucherie par où on va tout droit sur grant pont.

Lettres patentes du roy du 14 aoust 1406 signées par le Roy, Messeigneurs les ducs de Bourgogne, de Bourbon, l'evesque d'Auxerre et autres presents, par lesquelles les bouchers exposent qu'ils avoient un notable hostel lequel fut abbatu pour faire la dite rue sans recompense; mande aux gens des comptes, prevost de Paris, nostre amé et feal secretaire Me Charles Culdoë, garde de la Prevoté des marchands et autres justices, qu'ils ayent à les laisser jouir.

Autres lettres du roy, 14 juillet 1411, qui enjoint à la chambre de faire subvenir.

Commission de la chambre.

II.

Arrêt du parlement contre Agnès Piedeleu, qui avait appelé d'une sentence rendue contre elle par Hugues Aubriot.

(28 février 1375. Archives de l'Empire, sect. Judic. Registres du parlement. Reg. criminel, X, 8841, fol. 390, r°.)

Constitutis in curia nostra procuratore nostro generali pro nobis et dilecto ac fidelissimo Hugone Aubrioti, preposito nostro Parisiensi, pro parte dictorum procuratoris et prepositi nostrorum, prout quemlibet eorum tangebat et tangere poterat, eidem nostre curie extitit expositum, quod, cum idem prepositus ad requestam, denunciationem et querimoniam nonnullorum habitancium in vico Beati Martini Parisius prope hospicium in quo Agnes Piedeleu in dicto vico morabatur, commorantes, certam informationem per certos Castelleti nostri

Parisiensis examinatores fieri fecisset de et super eo quod dicto Agneti imponebatur et imponitur, ipsam fuisse et esse *gamagogam* publicam, gallicè *maquerelle publique*, vitam inhonestam et diffamatam in predicto hospicio ad signum Estrussie tenentem, et in eo homines et mulieres malefamosos ac vitam inhonestam ducentes, nocte ac die cubantes receptantem; quibus de causis in dicto vico morari non debebat; et quia dictus prepositus per dictam informationem eandem Agnetam vite et conversationis predictarum reppererat, ipse prepositus dictam Agnetem coram eo in judicio in dicto Castelleto venire fecerat, et eidem Agneti preceperat ut a dicto vico alibi morature (*sic*) discederet; ipsa Agnes a predicto preposito appellaverat. Quibus precepto et appellatione sic factis, ipsa Agnes tantos inimicitiam et rancorem contra eundem prepositum conceperat quod, viis illicitis, falsis et dolosis, cum pluribus personis colloquium secretum habuerat, et eas precibus, donis et promissionibus rogaverat ut penes dilectum et fidelem Johannem de Maresiis militem nostrum in Parlamento nostro, et ejusdem Agnetis in dicta sua appellationis causa, ut dicebat, advocatum et consiliarium secrete accederent, et falsa testimonia adversus dictum prepositum deponerent, per que idem prepositus contra rationem et justiciam morti traderetur et in corpore atque bonis destrueretur. Que facta fuerant et erant per dictam Agnetem contra bonum justicie, invidia, innimicitia et odio capitali, falsitatem ac proditionem committendo et alias multipliciter delinquendo, ut iidem procurator et prepositus nostri per certam informationem contra dictam Agnetem per certos dicti Castelleti nostri examinatores super hoc factam, asserebant liquidius apparere, justicie remedium super hoc per dictam nostram curiam adhiberi postulantes. Quibus premissis per dictam nostram curiam auditis, ipsa nostra curia, ut semper consuevit, mature procedere volens in hac parte, testes in dicta informatione per predictos examinatores examinos per certos ejusdem nostre curie consiliarios ad hoc per eandem nostram curiam deputatos et commissos recolari, et nonnullos alios testes super premissis examinari fecit. Et hiis actis ac hujusmodi recolationibus et informationibus per dictam nostram curiam visis, ipsa nostra curia eandem Agnetem capi et in dicto Castelleto nostro incarcerari et super premissis et eorum circumstanciis examinari, necnon testes ut predictum est recolatos et examinatos coram eadem Agnete venire et, ut moris est, medio juramento jurare ac in ejusdem Agnetis presentia iterato deponere fecit; et dictam Agnetem per suum juramentum super predictis examinavit ac ejus confessiones et depositiones et etiam reprobationes, quas contra predictos testes dicere et proponere voluit, in scriptis redigi fecit; et eandem Agnetem in hiis omnibus et singulis que ad sui innocentiam et excusationem et defensionem premissorum dicere et proponere voluit, audivit.

Tandem informationibus, recolationibus, depositionibus, confessionibus et reprobationibus predictis per dictam nostram curiam matura deliberatione visis, et hiis ac aliis omnibus et singulis que eandem nostram curiam circa premissa movere poterant et debebant diligenter consideratis et attentis, ipsa nostra curia erga eandem Agnetem misericorditer potius quam rigorose procedendo, ipsam Agnetem ad ducendum a dicto Castelleto nostro supra quandam quadrigam ligatam, capite nudo, habentem desuper dictum suum capud unam coronam pergameni in qua erit in ejus circunferentia a parte exteriori scriptum, in pluribus locis, grossa littera, in gallico, hoc verbum : *Faussaire*, per lictorem seu bourrellum, Parisius [ad] pillorium, in hallis nostris Parisius situatum; et ibidem ponendum et per spacium duarum horarum remanendum, causam sue punitionis per dictum lictorem, seu bourrellum, coram populo alta voce dicendo et declarando, per suum arrestum condempnavit et condempnat. Et una cum hoc eandem Agnetem a regno nostro bannivit, atque bannit. Que quidem Agnes illico quod a dicto pillorio amovebitur, absque eo quod in predicto Castelleto nostro reducatur, a villa nostra Parisiensi sine dilatione quacunque discedet et extra dictum regnum nostrum, quo voluerit, incedet, ipsam a confiscatione bonorum relevando et ex causa. Pronunciatum ultima die Februarii, anno M° CCC° LXXV°.

LA GRANGE.

III.

Lettres patentes de Charles V en faveur de Hugues Aubriot.

(8 juillet 1369.)

(Archives impériales, section Domaniale, Mém. D, fol. 95 bis v°.)

Charles, par la grâce de Dieu, roy de France, à nos amez et féaulx gens de nos comptes à Paris, salut et dilection. Nous avons memoire que, dès le dixiesme jour de septembre, l'an mil trois cens soixante sept, nous donasmes à nostre amé Hugues Aubriot, garde de nostre prevosté de Paris, la somme de quinze cens francs d'or, à iceulx prendre et avoir une fois tant seulement sur les aydes ordonnées pour la delivrance de nostre tres cher seigneur et pere que Dieu absoille, pour aidier à payer une maison séant en la rue de Jouy, près de la rue de la poterne Saint-Pol, qui jadiz fu feu Jacques de Pacy, laquelle ledit Hugues acheta de notre commandement pour sa residence en ladite ville de Paris.

Item le dix jour de mars l'an dessus dit, donnasmes à nostredit prevost la somme de mil francs, à icelle prendre et avoir de et sur la somme de quinze mil francs d'or en quoy les juifs et juives, lors estans et residens en nostre royaume, avoient composé à nous ou les gens de nostre conseil pour nous, pour cause de certains malefices à eux imposez, c'est assavoir en recompensation des bons et agréables services qu'il nous avoit fait, faisoit de jour en jour et encore esperions qu'il nous feroit en temps avenir, tant ès gardes et gouvernemens de nostredite prévosté, comme en la fortiffication de nostredite ville de Paris, et aussy pour contemplation de ce que à très grans frais et depenses, il est venu du duché de Bourgoigne, où il avoit sa residence et toute sa chevance, pour nous servir audit office à Paris. Et en oultre, le quatorziesme jour de may, l'an mil trois cens soixante neuf derrenierement passé, avons donné à nostredit prevost la somme de cinq cens francs d'or, à prendre et avoir de et sur les exploits de ladite prévosté de Paris qui y estoient venus et eschus, ou qui premier y viendroient ou escheroient, par la main de nostre receveur de Paris, pour consideration de ce que, pour le temps qu'il estoit bailly de Dijon, pour nostre très cher et amé frere le duc de Bourgoigne, nous le feisme venir à Paris pour gouverner et garder le fait de nostredite prevosté de Paris et la capitainerie d'icelle ville, aus gaiges, prouffits et esmolumens accoustumés ; et lors, pour ce que les dits gaiges et esmolumens estoient petits, pour soustenir son estat, tant en monteures de chevaux comme d'autres despenses qu'il convient qu'il face et soutiengne pour nostredit service, nous l'y pourveismes que en oultre iceulx gaiges et esmolumens nous li ferons tel prouffit comme bon nous sembleroit et qu'il devroit souffire à soutenir sondit etat. Et il soit ainsy que, pour ce que en nos lettres des dons dessus dits faits à nostredit prevost de Paris en la maniere que dessus est esclarci, n'est faite aucune mention de autre don ou dons que de celli qui en chacune des dittes lettres est exprimé à par soy tant seulement ; et par les ordonnances royaux il soit dit que, ou cas [où] à aucun nostre officier ou autre nous ferions aucun don, et il seroit trouvé que par avant il en auroit eu aucun autre de nous ou de nos predecesseurs, ledit don derrenierement fait seroit de nule valeur, se en nosdites lettres n'en estoit fait aucune mention, et seroit à recouvrer sur celli qui l'auroit receu, nostredit prévost ait doubté que pour ceste faute, qui a esté par ignorance ou inadvertance, iceulx dons et sommes dessus esclaircies ne fussent au temps avenir recouvrées sur luy ou sur ses hoirs; et par ainsy nos dons dessus dits li seroient de nulle value et li tourneroient plus à domage que à prouffit, laquelle chose ne fu oncques ne est encore nostre entention ou volonté : Pour ce est il que nous voulons nos dits dons estre valables à nostredit prevost et avoir leur plain effet; vous mandons, commandons et enjoignons estroitement que les sommes dessusdites et chacune d'icelles vous allouez ès comptes de celli ou ceulx à qui il appartiendra, senz aucun contredit, en retenant nosdites premieres lettres des dons dessusdits et lettres de recognoissance de nostredit prevost, ou autre en demeure chargié entre deniers à recouvrer ou autrement en nostredite chambre. Car ainsy le voulons nous estre fait, et li avons octroyé et par ces presentes lettres octroyons de nostre certaine science et grace especiale; et en outre lesdites sommes dessus esclairciées li donnons de richief par ces mesmes lettres se mestier est, nonobstant toutes les doubtes dessusdits ne quelconques ordonnances, usages, coustumes ou stille de nostredite chambre des comptes, mandemens, ordonnances ou deffences quelconques à ce contraires; et afin que nostredit prévost soit et demeure quitte perpetuellement des sommes dessusdites, nous voulons et vous mandons que de ces presentes vous lui bailliez vidimus ou transcript collationné en nostredite chambre, lequel nous voulons avoir et sortir son plain effet comme le propre original. Donné à Paris le huitiesme jour de juillet, l'an de grace mil trois cens soixante neuf, et de nostre regne le sixiesme. Signé : par le roy, le confesseur présent, J. Tabary, et au-dessous est escript : Collatio fuit facta cum originali decimo octavo septembris millesimo trecentesimo sexagesimo nono, per me Petrum de Castro et me Thomam de Acheriis.

Collationné par nous cons[r] maistre à ce commis LOURDET.

IV.

Nomenclature des ordonnances rendues par Hugues Aubriot pendant sa prévôté, et des actes principaux qui le concernent.

Nota : Pour l'intelligence des indications jointes à cette nomenclature, il est bon de se rappeler que les anciens registres du Châtelet, dont le nombre exact ne nous est connu qu'imparfaitement, étaient désignés soit par les couleurs de la reliure, soit par les premiers mots du texte que ces registres renfermaient. Sur seize registres, dont une copie exécutée dans la première moitié du dix-huitième siècle est conservée à Paris aux archives de la préfecture de police, onze se retrouvent en originaux, cinq à la Bibliothèque impériale, six aux Archives de l'Empire. A la Bibliothèque on a : — 1. Livre rouge vieil. fonds des Cartulaires, nº 8. — 2. Le Livre gris, cartul. nº. 9. — 3. Livre vert neuf, cartul. nº 10. — 4. Livre rouge troisième, fonds français, nº 4273. — 5. Livre Doulx sire, fonds français, nº 4274. Aux Archives de l'Empire on a : 1. le Livre jaune petit ; 2. le Livre jaune grand ; 3. le Livre rouge neuf ; 4. le Livre vieil deuxième ; 5. le Livre bleu ; 6. le Livre noir neuf. On peut voir le travail de notre confrère M. H. Bordier sur les archives de la France, etc., Paris, 1855, in-8, p. 256. Quant à l'ouvrage cité sous le titre de *Recueil Ms. de M. Joly de Fleury*, c'est la copie des anciens registres du Châtelet, conservée aux archives de la police à Paris, dont j'ai parlé plus haut. Cette collection comprend aussi les registres-bannières du Châtelet, ainsi nommés à cause de la nature des actes qu'ils renfermaient, qui tous avaient été proclamés à son de trompe. — *Voir* Ducange, vº *Bannire.*

1. 1367. 9 septembre. Ordonnance de police concernant le port d'armes. (Livre blanc petit, fº 83.)

2. 9 septembre 1367. Ordonnance de police concernant les oiseux puissants. (Livre blanc petit, fº 83.)

Ordonnance de police qui enjoint aux oiseux et fainéans de s'occuper.

A esté cryé depar le Roy notre sire que toutes les manieres de gens oyseux qui ont puissance d'ouvrer es fossés de sa bonne ville de Paris, ou ailleurs où on les voudra embesogner pour sallaire competent, qui ne veulent ou ne voudront ouvrer es dits lieux et par la maniere que dist est, soient prins et menez en Chastelet par les sergens à ce ordonnez, pour iceulx oyseulx battre ou chastier, ainsy qu'il appartiendra. Fait le 9e jour de septembre mil trois cent soixante et sept.

18 septembre 1367. Cri concernant les femmes publiques. (Livre blanc petit, fol. 83 ; Sauval, t. III, p. 652.)

25 septembre 1367. Cri concernant les jeux et les poulaillers. (Livre blanc petit, fol. 83.)

18 octobre 1367. Cri et ordonnance de police concernant les filles de joie. (Liv. vert ancien, fº 147.)

4 décembre 1367. Commission pour faire cesser la levée des péages. (Liv. rouge vieil, f° 44; Ordonn. du Louvre, t. V, p. 89.)

16 décembre 1367. Ordonnance des généraux sur le fait de la boëte au vin. (Liv. noir, f° 270.)

17 janvier 1367. Lettres patentes portant règlement pour le Châtelet de Paris. (Doulx sire, f° 1 *bis*.)

8 février 1367. Lettres concernant le scel du Châtelet. (Livre rouge vieil, f° 44, v°; Ordonn. du Louvre, t. V, p. 95.)

— Lettres qui ordonnent que le prévôt de Paris, privativement à tout autre juge, connoistra de l'execution des actes scellez du scel du Chastelet de Paris.

12 février 1367. Cri concernant les hotelliers. (Livre blanc petit, f° 83; Traité de la Police, t. III, p. 728.)

Mars 1367. Confirmation pour les pauvres femmes fripieres et revendresses. (Livre jaune petit, f° 146; Ordonn. du Louvre, t. V, p. 106.)

22 avril 1368. Arrêt du parlement en faveur des couteliers contre les merciers. (Livre des métiers, Ms. de la ch. des comptes, f° 305, du recueil Ms. de M. Joly de Fleury.)

5 mai 1368. Lettres de garde gardienne pour les religieuses de Poissy. (Livre rouge, f° 67, v°, et 192. Ord. du Louvre, t. V, p. 115.)

22 mai 1368. Arrêt du parlement concernant le grand chambrier de France et les pelletiers. (Liv. rouge vieil, f° 66 v°.)

8 juillet 1368. Arrêt du parlement concernant la juridiction du Châtelet et celle des requêtes du palais. (Liv. rouge vieil, f° 56.)

16 juillet 1368. Vidimus d'un arrêt du parlement rendu sur les merciers et les fèvres-couteliers, du 22 avril précédent; et d'une sentence du Châtelet concernant les emmancheurs de couteaux du 6 avril, après *Judica me*, 1366. (Liv. des métiers, Ms. de M. Joly de Fleury, f° 19; livre vert ancien, f° 89.)

8 mai 1368. Cri concernant la sûreté publique. (Liv. blanc petit, f° 83; liv. vert anc., fol. 147 v°.)

A esté cryé que nul tavernier ne soit si hardy de tenir ne asseoir beuveux en taverne après l'heure du couvre feu sonnée, à peine de soixante sols parisis d'amende.

Item a esté cryé que nul ne soyt si hardy de vendre ne prester à escoliers espées ne cousteaux ne aultres harnois de guerre, sans le congié du prevost de Paris, sous peine d'amende arbitraire.

Item a esté cryé que, pour ce que aucunes gens donnent petite obeyssance aux sergens du Roy, par quoy ils font (?) souventes fois que les dits sergens crieront ayde au Roy, que ung chacun leur donne ayde et confort; et qui fera le contraire, il encherra en la peine dessus dite.

13 août 1368. Cri concernant le port d'armes. (Livre blanc petit, f° 83; livre vert anc., f° 147 v°.)

20 août 1368. Lettres de garde gardienne pour les Chartreux. (Livre rouge vieil, fol. 56 v°; Ordonn. du Louvre, t. V, p. 128.)

29 août 1368. Mandement du roi au prévôt de Paris, concernant les *coulons* (pigeons). (Livre vert ancien, f° 151; livre rouge, 3, f° 99; Ordonn. du Louvre, t. VI, p. 497.)

Lettres qui deffendent à ceux qui n'ont pas le droit d'avoir des colombiers de nourrir dans les maisons de Paris et de la banlieue des pigeons dans des volets, et qui deffendent aussi de tendre des rets pour prendre ces pigeons.

13 septembre 1368. Transaction entre l'Université de Paris et l'abbé et les religieux de Saint-Germain des Prés, pour le patronage de Saint-Germain le Vieux. (Félibien, t. III, p. 18.)

24 septembre 1368. Sentence de Hugues Aubriot au sujet de la fondation du collége de Cambrai. (Sauval, t. III, p. 122.)

10 octobre 1368. Cri concernant les chaussures à la poulaine. (Livre blanc petit, f° 84; livre vert anc., fol. 148.)

13 octobre 1368. Lettres patentes concernant les halles. (Livre rouge vieil, f° 46; Ord. du Louvre, t. V, p. 147.)

20 novembre 1368. Statuts des chaudronniers, imparfaits. (Livre vert anc., f° 85.)

15 janvier 1368. Accord entre les fèvres-couteliers et les couteliers-emmancheurs. (Ms. de M. Joly de Fleury, f° 25; livre vert anc., f° 93.)

3 février 1368. Lettres patentes concernant les filles de joie. (Livre rouge vieil, f° 47, v°; Ordonn. du Louvre, t. V, p. 164.)

5 février 1368. Arrêt du parlement rendu entre un sergent et un particulier. (Livre blanc petit, f° 221; ms. Saint-Victor, f° 259, v°; Doulx sire, f° 1.)

2 mars 1368. Arrêt du parlement concernant la juridiction du grand chambellan de France sur les pelletiers, vidimé le 27. (Livre rouge vieil, f° 130, v°.)

26 mars 1368. Lettres patentes concernant les halles. (Livre rouge vieil, f° 47, v°; item, f° 352; Ordonn. du Louvre, t. V, p. 148.)

27 mars 1368. Vidimus d'arrêt du 2 de ce mois, concernant la juridiction du grand chambellan de France sur les pelletiers. (Livre rouge vieil, f° 130, v°.)

Vers 1368. Cri concernant la sûreté publique. (Livre blanc petit, f° 83; ms. Saint-Victor, f° 197.)

Vers 1368-1369. Cri concernant les taverniers. (Livre blanc petit, f° 84; ms. Saint-Victor, f° 198, v°.)

Cri concernant le verjus. (*Id.*)

1369 à 1371. Travaux et fortifications de la ville de Paris, exécutés par les soins de Hugues Aubriot. (Sauval, t. III, p. 124, 125, 126.)

3 avril 1369. Lettres concernant les jeux de dé et autres. (Livre vert anc., f° 151; livre rouge vieil, f° 76; Ordonn. du Louvre, t. V, p. 172.)

6 avril 1369. Lettres patentes concernant les bouchers. (Livre noir, f° 29.)

23 mai 1369. Lettres patentes concernant les jeux. (Ordonn. du Louvre, t. V, p. 172.)

Lettres concernant la juridiction du prévôt de Paris. (*Id.*, t. V, p. 170.)

Lettres qui portent que les chambellans et autres officiers des princes du sang et autres seigneurs n'auront aucune juridiction criminelle, dans la ville de Paris, sur ceux de la maison de ces princes, lesquelz seront jugez par le prevost de Paris.

8 juin 1369. Lettres patentes portant réduction des sergens à cheval. (Ordonn., t. V, p. 194.)

9 juin 1369. Arrêt du parlement concernant la juridiction ecclésiastique. (Livre rouge 3, f° 59, v°.)

19 juin 1369. Cri concernant les halles. (Livre blanc petit, f° 84.)

20 juin 1369. Lettres patentes concernant les marchands de poisson de mer. (Ordonn. du Louvre, t. V, p. 199.)

21 juin 1369. Taxe concernant la halle aux merciers. (Livre vert anc., f° 96, v°.)

12 juillet 1369. Sentence du Châtelet portant règlement pour l'approvisionnement de Paris.

Rolle des Metiers qui doivent aller aux halles le vendredy et le samedy. (Livre rouge neuf, f° 89; livre rouge vieil, f° 72.)

13 juillet 1369. Sentence du Châtelet portant règlement sur le fait du commerce de la laine. (Livre vert ancien, f° 97.)

Octobre 1369. Lettres de sauvegarde pour les Célestins de Paris. (Ordonn. du Louvre, t. V. p. 233.)

22 décembre 1369. Sentence du Châtelet concernant la justice de Bagnolet, confirmée par arrêt du 10 may 1371. (Livre vert neuf, f° 28.)

Vers 1369. Rolle des métiers qui doivent aller vendre aux halles. (Livre vert ancien, f° 97, v°.)

16 mars 1369. Lettres patentes concernant les bouchers. (Livre noir, f° 29.)

22 mai 1370. Arrêt du parlement concernant les hérésies. (Livre blanc petit, f° 184.)

Mai 1370. Lettres de garde gardienne pour les religieux de Joyenval. (Ordonn. du Louvre, t. V, p. 296.)

Idem pour les Chartreux. (Id., p. 298.)

25 juin 1370. Règlements pour les selliers et les malletiers. (Livre vert anc., f° 76, v°.)

21 juillet 1370. Lettres concernant l'exercice de la chirurgie dans Paris. (Ordonn. du Louvre, t. V, p. 322.)

Il est ordonné aux chirurgiens de faire connaître au Châtelet les habitants qu'ils ont soignés de blessures, soit à Paris, soit dans la vicomté.

20 août 1370. Commission pour lever les aides. (Ordonn. du Louvre, t. IV, p 415.)

Août 1370. Lettres concernant le ressort de Puisaux, appartenant à l'abbaye de Saint-Victor. (Ordonn. du Louvre, t. V, p. 325.)

Garde gardienne pour l'abbaye de Longchamps. (Id., p. 347.)

29 janvier 1370. Acte par lequel le chapitre de l'Église de Paris est mis en possession du fief de Viry par lui acquis.

19 février. Quittance de lots et vente de l'acquisition de Viry faite par le chapitre de l'Église de Paris.

Mars. Aveu et dénombrement du fief de Viry. — Amortissement dudit fief. (Livre rouge vieil, f° 266.)

1371, samedi après Pâques. Sentence concernant la corporation des cordiers. (Livre des Métiers, dans le ms. de M. J. de Fleury, f° 81, 82.)

21 avril 1371. Lettres du duc d'Orléans accordées au chapitre de l'Église de Paris, pour l'exécution de l'amortissement par lui fait du fief de Viry

23 avril. — Vidimus des lettres du duc d'Orléans. (Livre rouge vieil, f° 267.)

10 mai 1371. Arrêt confirmatif d'une sentence du Châtelet du 22 décembre 1369, concernant la justice de Bagnolet. (Livre vert neuf, f° 38, v°.)

17 juin 1371. Lettres patentes concernant les péages. (Ordonn. du Louvre, t. V, p. 403.)

23 juin 1371. Ordonnances de police concernant les halles et les merciers. (Livre vert ancien, f° 152.)

24 juin 1371. Cri pour prévenir les vols; etc. (Livre blanc petit, f° 88.)

11, 12 juillet 1371. Cri concernant la santé, etc. (Livre blanc petit, f° 88; livre vert anc., f° 153; Traité de la police, t. IV, p. 151.)

13 août 1371. Taxe faite sur les étuveurs. (Livre vert anc., f° 69; Livre des métiers; ms. de la Ch. des comptes, f° 289, cité dans le ms. de Joly de Fleury, f° 103.)

Statuts des étuveurs. (Livre vert ancien, f° 69.)

Août 1372. Instruction de la geole du Châtelet de Paris, faite par Hugues Aubriot. (Leber, Collect. des Dissertations relat. à l'hist. de France, t. XIX, p. 169.)

1372. Lettres patentes du 25 septembre, aux termes desquelles la police et la visite des métiers, vivres et marchandises, à Paris et dans les banlieues, doivent être faites par le prévôt et ses délégués. (Archives des commiss. au Châtelet, aux Arch. de l'Emp., sect. Jud.)

15-18 mars 1373. Lettres touchant l'établissement des boucheries du faubourg Saint-Germain. (Félibien, t. III, p. 487.)

13 avril 1374. Procès entre les religieux de Saint-Denis et le prévôt, qui leur avait enlevé le bac du pont de Nully, parce que le grand pont était rompu. (Felibien, t. IV, p. 531.)

27 avril 1375. Arrêt de la cour qui oblige lesdits religieux à laisser leur bac jusqu'à Paques, auquel terme ledit prévôt sera obligé de leur rendre leur bac, et de payer le dommage qu'ils ont encouru, et qui sera déterminé par des commissaires. (Felibien, t. IV, p. 502.)

23 mai 1375. Ordonnance du prévôt, portant que les commissaires au Châtelet doivent signer leurs informations, les remettre au greffe, et ne pas prendre de salaire pour celles qu'ils font d'office.

30 août 1378. Prestation de serment, entre les mains de Hugues Aubriot, de Gaucher Beliart, libraire à Paris, comme libraire de l'Université. (Du Boulay, *Hist. de l'Université*, t. IV, p. 462. Actes concernant le pouvoir et la direction de l'Université de Paris sur les Escrivains des livres et les Imprimeurs, etc., comme aussi sur les libraires, relieurs et enlumineurs; in-4°, p. 16.)

Avril 1380. Lettres patentes portant confirmation de la fixation au nombre de seize des commissaires au Châtelet. (Archives des commissaires au Châtelet.)

www.ingramcontent.com/pod-product-compliance
Ingram Content Group UK Ltd.
Pitfield, Milton Keynes, MK11 3LW, UK
UKHW020356250726
13967UKWH00005B/2316